책 잡지 신문 자료의 수호자

지식의 보물창고를 지키고 탐험로를 개척한 사람들

지은이 정진석(鄭晉錫, Chong, Chin-Sok)
한국외국어대학교 명예교수. 런던대학교 정경대학(School of Economics & Political Science-
LSE)에서 박사학위를 받았다. 1964년 언론계에 입문하여 한국기자협회 편집실장, 관훈클럽 사무국장,
1980년 한국외국어대학교 언론학 교수, 사회과학대학장, 정책과학대학원장, 언론중재위원,
방송위원, LG상남언론재단 이사를 역임했다. 현재 장지연기념회, 서재필기념사업회 이사.
언론 관련 자료집, 문헌 해제, 신문·잡지 색인을 만들었고 방대한 분량의 옛날 신문을 영인했다.
『한성순보』-『한성주보』,『독립신문』,『대한매일신보』와 1945년 광복 후부터 1953년까지 발행된
『경향신문』,『동아일보』,『서울신문』,『조선일보』의 지면 전체를 모은 영인본(전 32권)을 편찬했다.
『조선총독부 언론통제 자료총서』(전 26권),『조선총독부 직원록』(1911~1942, 전 34권) 같은
문헌도 발굴, 영인하여 언론계와 역사학계가 자료로 활용하고 있다. 저서로『항일민족언론인
양기탁』(2015),『나는 죽을지라도 신보는 영생케 하여 한국동포를 구하라』(2013),『전쟁기의
언론과 문학』(2012),『극비, 조선총독부의 언론검열과 탄압』(2007),『언론조선총독부』(2005),
『6·25전쟁 납북』(2005),『역사와 언론인』(2001),『언론과 한국현대사』(2001),『언론유사』(1999),
『한국언론사』(1995),『인물한국언론사』(1995),『한국현대언론사론』(1985) 외에 여러 권이 있다.

근대서지총서 08
책 잡지 신문 자료의 수호자
지식의 보물창고를 지키고 탐험로를 개척한 사람들

초판인쇄 2015년 11월 25일 초판발행 2015년 12월 5일
지은이 정진석 펴낸이 박성모 펴낸곳 소명출판 출판등록 제13-522호
주소 서울시 서초구 서초중앙로6길 15, 1층
전화 02-585-7840 팩스 02-585-7848 전자우편 somyong@korea.com 홈페이지 www.somyong.co.kr

값 15,000원 ⓒ 정진석, 2015
ISBN 979-11-5905-011-4 04010
ISBN 978-89-5626-442-4 (세트)

책잡지신자
문지의료
의 수

근대서지총서 08

지식의 보물창고를 지키고
탐험로를 개척한 사람들

호
Index Compilers and Book, Magazine and Newspaper Collectors

정진석 지음

자

소명출판

학술과 역사연구 기초자료 보존

개화기 이래 이 땅에서 발행된 다양한 종류의 신문, 잡지, 출판물을 수집하여 연구 자료로 활용할 수 있도록 정리 보존한 사람들은 문화재의 수호자들이었다. 방대한 출판물들을 한 장씩 뒤지고 꼼꼼하게 정리하여 일목요연한 연표로 작성한 인물도 있다. 끈기와 집념, 우직한 사명감 없이는 할 수 없는 일이었다. 오랜 시간을 투자하여 수집과 정리하는 일에 매달리고 자신의 처지로는 감당하기 벅찬 돈을 기꺼이 쾌척하여 보통사람으로는 도저히 엄두내지 못할 서지자료를 수집한 사람들이다.

신문수집가 오한근, 잡지 수집가이면서 서지학자였던 백순재, 서울대 도서관 사서로 근무하다가 언론연표를 작성한 계훈모. 세 사람은 각기 다른 역할을 맡아 신문과 잡지를 모으고 정리하여 학술과 역사 연구의 귀중한 자산으로 남겨두고 세상을 떠났다. 오한근과 백순재는 신문과 잡지를 수집하는 역할을 분담했고, 계훈모는 언론연표를 작성하여 연구자들에게 지식의 탐험로를 찾을 수 있는 안내도를 만들어 주었다.

서지학자 겸 출판평론가였던 안춘근, 잡지 수집가이자 잡지사 연구가 김근수, 시집을 전문으로 모았던 하동호는 쓰레기로 폐기될 처지였던 책과 잡지를 전문적인 안목으로 찾아내어 보존하고 분류하면서 가치를 부여하여 문화재로 격상시키는 작업을 수행했다. 잡지 출판인으로 평생을 보낸 최덕교는 은퇴 후에 3권의 방대한 사료집 『한국잡지백년』을 펴냈다. 칠순 나이에 잡지 실물을 조사하는 7년 각고 끝에 이룩한 업적이다.

이 분야에 잊을 수 없는 외국인들도 있다. 신문과 아무런 인연이 없는 식물학자 마키노 도미타로(牧野富太郎)와 소설가 가지야마 도시유키(梶山季之)는 본인들은 의식하지 못했지만 언론사 연구에 소중한 자료를 남겨주었다. 마키노는 방대한 분량의 식물을 채집하면서 19세기 말에서 20세기 초반에 발행된 신문을 흡습지(吸濕紙)로 사용했다. 폐지로 활용된 그 신문이 세월이 흐른 뒤에 희귀한 자료로 되살아 나게 되었다. 일제 강점기 조선에서 태어난 작가 가지야마 도시유키의 유품 속에는 조선총독부의 언론탄압 기록이 끼어 있었다. 그의 유족이 하와이대학에 기증하여 지금은 먼 태평양 한 가운데 보존되어 있다.

신문과 잡지는 근대의 역사, 문학, 사회사, 정치사, 사상사, 언론사를 포함하여 모든 분야 연구에 활용된다. 방대한 자료를 정리하여 색인화하고 연표로 만든 사람은 언론에 담긴 정보를 손쉽게 활용할 수 있는 지도 제작에 해당하는 지난한 작업을 수행하였다.

신문, 잡지, 출판물은 시대의 산물이다. 초창기의 신문과 잡지는 개화, 자주, 계몽이라는 국가적인 거대 목표를 추구하는 사명을 띠고 있었으며 일제 강점기에는 독립과 근대화라는 당면 과제를 안고 탄압과 경영의 어려움을 극복하면서 힘겨운 투쟁을 전개하였다. 식민지 시기와 광복 후에는 정치상황의 변천에 따라 시류에 영합하여 민족을 배신하는 내용의 신문과 잡지도 없지 않았다. 하지만 친일 반민족적인 간행물이라도 역사의 기록으로 보존하고 연구의 대상으로 삼아야한다는 점에서 귀중하다.

사라질 위기의 보물 살리기

신문 잡지는 하나씩 흩어져 있을 때에는 큰 가치를 지니지 않지만 일단 전문가의 고증을 거치고 체계화 된다면 귀중한 문화재로 격상되는 경우가 있다. 시대 상황이 담긴 문화유산이기 때문이다. 하동호가 수집한 시집은 한 자리에 모아놓고 보면 시사(詩史)의 흐름을 일목요연하게 살펴볼 수 있다.

책, 잡지, 신문을 전문적으로 수집한 사람들은 정부나 관련 기관이 하지 못하는 일을 개인의 힘으로 수행한다. 그들은 시대상황을 잘 활용했다. 일본인 서지학자 마에마 교사쿠가 고문헌을 수집하던 19세기 말에서 20세기 초반 조선에는 옛날 전적(典籍)의 중요성을 아는 사람이 많지 않았다. 한국인들은 경제적으로도 여유가 없는 처지였으므로 마에마는 귀중한 문헌을 비교적 손쉽게 구할 수 있었다. 오한근, 백순재, 하동호는 6·25전쟁이 끝난 후에 신문과 잡지를 수월하게 수집했다. 수많은 책들이 흘러나와 길거리와 고서점에 쌓여 있었지만, 전문적 안목을 지닌 수집가는 드물었다. 먹고 살기 바쁜 때였으니 지금 기준으로는 가격도 비싸지 않았다. 수집에 절호의 기회였다.

이들이 신문, 잡지, 서적을 체계적으로 수집하지 않았다면 문화재의 가치를 지닌 귀중한 출판물들이 흔적 없이 사라지고 말았을 것이다. 그렇지 않더라도 어디에 있는지 찾아볼 방법이 없을 정도로 흩어져서 한국학 연구의 기본이 되는 인쇄물들이 소실되거나 훼손되고 말았을 것이다. 수집가들은 신문, 잡지, 책의 소중함을 알았고 사랑하는 마음으로 정성들여 모았다.

수집가들은 1960년대 이후부터 사회적인 관심의 대상이 되기 시작했다. 도서전시회에 희귀 수집품을 출품하여 대중과 소통하고, 영인본을 출간하여 연구자들에게 제공했다. 언론연표, 잡지 목차 정리 작업을 묵묵히 수행하면서 한국학 연구에 주춧돌을 놓았다.

외국인으로 우리의 문헌목록을 만든 사람도 잊을 수 없다. 출판물의 목록화와 색인 작업을 잘 알지 못했던 때에 한국학 관련 문헌목록을 작성하고 과학적이고 체계적인 방법으로 색인을 만들었던 외국인들이다.

프랑스 외교관 모리스 쿠랑(Maurice Courant), 미국인 선교사이자 교육자 언더우드(Horace H. Underwood), 일본인 서지학자 마에마

교사쿠(前間恭作)의 문헌목록은 한국학 연구의 지도와 나침반 역할을 해 왔다.

자료 찾는 보람과 즐거움

나는 이 책에 수록한 한국인 수집가들은 모두 생전에 만나는 행운을 가졌다. 계훈모 선생의 『언론연표』 만드는 작업을 도와드렸고, 오한근 선생과는 연세대학교 중앙도서관에 함께 가서 고신문을 열람한 날도 있었다. 백순재, 안춘근, 하동호, 최덕교 선생과도 신문 잡지의 연구와 관련한 인연이 있었다.

젊은 시절에는 한말에서 일제 강점기에 발행된 신문을 열람하기 위해 여러 소장처를 찾아다녔다. 국립중앙도서관을 비롯하여 국회도서관, 종로도서관, 서울대학교, 연세대학교, 고려대학교, 서대문 근처의 한국연구원, 또는 신문사 조사부 같은 곳을 지칠 줄 모르고 열심히 뒤졌다. 돌이켜보면 도서관을 찾아다니던 때는 행복한 시절이었다. 내가 근무하던 기자협회는 현재 언론진흥재단(프레스센터) 건물이 된 신문회관 2층에 있었다. 시청 바로 뒤 서울의 배꼽에 해당하는 교통이 아주 편리한 요지다. 국립중앙도서관은 지금의 롯데백화점 자리에 있었고, 국회와 국회도서관은 신문회관 바로 맞은편 서울시의회 건물이었다. 그때만 해도 국립중앙도서관과 대학 도서관에서 한말과 일제 강점기의 신문 잡지의 열람이 가능했다. 지금은 귀중도서로 분류하여 열람을 극히 제한하고 있다. 훼손을 방지하기 위한 소장처의 배려다. 젊은 시절에 발로 뛰면서 직접 열람했던 사료들은 내 평생 연구에 밑거름이 되었다.

도서관을 드나들면서 알게 된 분 가운데는 국립중앙도서관 열람과장 정병완(鄭炳浣) 선생과 사서(司書) 제홍규(諸洪圭) 씨가 있었다. 이들은 내게 여러 편의를 보아주었는데 제홍규 씨는『한국서지학사전』(1974)과『한국서지관계 문헌목록』(1976)을 편술했던 서지 전문가였다. 그는 국립중앙도서관 기관지『도서관』에 글을 써 달라고 청탁해서 나는 1973년 3월호에「도서관의 지위향상」이라는 권두언을 쓴 적도 있었다. 롯데백화점 자리에 있던 국립중앙도서관은 후에 남산 어린이회관 건물로 옮겼다가 지금의 서초동에 터를 잡아 영구 이전했다.

이 책에 다루지 못한 수집가들도 있다. 근대 서지를 수집한 분들로 한정했고, 생존한 분들은 포함되지 않았다. 내가 알지 못하는 수집가들도 당연히 있을 터이다. 하지만 1960년대 이후에 널리 알려진 대표적인 수집가들은 대체로 살펴보았다고 생각한다.

내가 쓰지 못한 분들에 관해서는 언젠가 다른 연구자들이 기록해 주게 될 것이다.

2015년 7월

정진석

차례

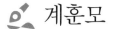

계훈모

'한국언론연표'를 위해 태어난 애국자

한국학 연구의 나침반 문헌목록

언론의 역사를 연구하면서 내가 가장 많은 도움을 받은 분은 계훈모(桂勳模, 1918.8.23~2003.3.25) 선생이다. 규장각의 고문서에도 언론사에 관련되는 자료가 있다는 정보는 계훈모 선생의 『한국 신문 · 잡지연표』(국회도서관, 1967)를 보고 처음 알았다. 지금은 웬만한 연구자에게는 알려져 있지만 당시의 언론사 연구는 아직 그런 자료까지 활용할 수준은 아니었다. 언론사 연구의 초보자였던 내가 몰랐던 것은 너무도 당연했다.

『신문잡지연표』는 『국회도서관보』 통권 제67호의 별책부록으로 발행되었다. 『한성순보』가 창간되기 전부터 일제의 강제합방까지(1881~1910)의 기간을 연대순으로 정리하여 B5판 103쪽 분량으로 발행한 연표였다. 계훈모가 그 후에 정리하는 방대한 연표

작업의 첫 작품이었다. 계훈모의 두 번째 작품은『한국언론관계
문헌목록』(국회도서관, 1970)이다. 나는 계훈모의 연표와 목록을 나
침반으로 활용하여 원 자료를 직접 찾아 확인하는 방법으로 학문
적인 호기심을 충족했다. 서울대 규장각에서 한말의 여러 자료를
열람하여 언론사에 관련된 새로운 자료를 여러 건 찾아내었다.

1960년대 이전까지는 색인의 중요성을 인식한 사람이 많지
않았다. 노력에 비해 빛이 안 나는 색인 작업이었으니 이런 일에
매달리는 우직한 사람이 없었다. 인정받지도 못하고 돈도 안 생기
는 고된 작업이니 누구를 탓할 일도 아니다. 어렵사리 만든 색인
이나 연표의 출판을 맡아 줄 곳도 없었다.

서양인들은 달랐다. 1882년에 출판된 그리피스(W. E. Griffis)의
『은자의 나라 조선(Corea, The Hermit Nation)』에는 서구어로 된 한국관련
문헌목록이 비교적 상세히 수록되어 있다. 우리나라에 주재하였
던 프랑스 외교관 모리스 쿠랑(Maurice Courant)은 프랑스어로『한
국의 서지(書誌)』를 출간하여 고문헌 연구에 서양인만이 아니라
한국인들에게도 없지 못할 자료가 되어 있다.

영어로 된 본격적인 문헌목록은 언더우드(Horace H. Underwood)
의『한국관련 서양 문헌목록(Occidental Literature on Korea)』(1931)이 있다. 일
본인 서지학자 마에마(前間恭作)는 우리나라 고서(古書)를 해제한
『고선책보(古鮮冊譜)』(1944 · 1956 · 1957) 3권을 출간하였다. 쿠랑,
언더우드, 마에마의 목록과 서지작업은 이 책 제8장과 9장에서 상
세히 살펴보기로 한다.

계훈모와의 인연

그런데 정작 한국인들은 문헌목록 작업에 소홀하였다. 계훈모가 언론연표 작업을 시작한 동기도 실은 서양 학자의 부탁을 받았던 것이 계기였다. 계훈모는 1960년 무렵 연세대학교 도서관학과 초빙교수였던 엘로드(J. McRee Elrod) 교수가 미국으로 돌아간 뒤 "한말에 나온 영어신문의 목록을 조사해 달라"는 부탁을 받았다. 성실한 완벽주의자인 계훈모는 미국 교수의 부탁을 기꺼이 받아들여 즐거운 마음으로 작업을 수행했다. 도서관과 책방을 뒤진 끝에 작업을 마무리 지었다. 이리하여 1907~1910년과 1927~1937년의『서울프레스』를 마이크로필름에 담고 카드도 만들어 미국으로 보냈다. 그는 이때부터 신문 뒤지기 작업에 몰두하게 되었다. 엘로드 교수의『한국 영자신문 기사색인 - 1896~1937』(국회도서관, 1966.12)은 계훈모가 보낸 자료가 바탕이 되어 완성할 수 있었다.

내가 계훈모 선생을 처음 만난 때는 1971년 어느 봄날이었다. 장소는 동숭동의 서울대학교 도서관이었다. 문리대와 대학로 큰길 사이의 개천을 따라 둘러친 울타리에는 노란 개나리가 흐드러졌던 기억이 지금까지 생생한 것은 그날이 너무도 화창하였기 때문일 것이다. 그 후에 서울대학교는 관악산으로 이전했고, 문리대와 도서관 앞에 있던 개천은 대학로가 확장되면서 복개되어 흔적조차 없어지고 말았다. 계훈모 선생과 나의 첫 만남은 관훈클럽이 발행하는『신문연구』1993년 겨울호에 쓴 글이 있다.『한국언론

계훈모 편『한국언론연표』1 · 2 · 3집과 정진석 편『언론연표색인』.

연표』제3집을 발간했을 때였다. 나의 책『고쳐 쓴 언론유사』(커뮤니케이션북스. 2004)에도 계훈모의 업적과 함께 나와의 인연에 관해서 상세히 밝혀두었다.

　계훈모 선생을 만나러 간 용건은 츠네 미도리(恒綠)라는 일본인이 쓴「조선의 출판물 고찰(朝鮮に於ける出版物の考察)」을 찾아보기 위해서였다. 그 전 해에 출간된 계훈모의『한국언론관계 문헌목록』가운데 내가 보고자하는 글의 제목이 들어 있었다. 그런데 다른 문헌은 저자 이름, 논문 제목, 출판사(또는 잡지명), 발행 연도만 나열되어 있었는데 유독 이 글에 대해서 계훈모는 짤막한 추천의 말을 삽입해 두고 있었다. "편자(編者)는 꼭 일독(一讀)을 권한다"는 것이었다. '편자'는 계훈모 자신이다.

　당시 나는 언론사 연구에 재미를 붙이고 이곳저곳 자료를 뒤지고 다니던 때였다. 계훈모의 문헌목록은 내게는 더없이 유용한 길잡이였다. 30대 초반의 젊은 나이였던 나는 언론사 연구에 도움을 줄 수 있는 분이면 누구건 찾아갔고, 필요한 자료가 있는 곳이면 몸을 아끼지 않고 시간을 쪼개어 부지런히 뛰어다녔다.

내가 만난 분 가운데는 『동아일보』 창간 기자였던 유광렬(『한국일보』논설위원) 선생을 비롯해서 『동아일보』 창간 당시 정치부장 진학문 선생, 신문수집가 오한근, 잡지연구가 백순재, 김근수 같은 분이었다. 최준, 임근수 두 교수님으로부터는 학문적으로 사사(師事)하고 있었다.

나를 처음 만난 계훈모는 츠네 미도리의 글을 보러 올 사람이 반드시 있을 것으로 기다리고 있었는데 어쩐지 아무도 오지 않았다면서 그 글이 실려 있는 『경무휘보(警務彙報)』를 꺼내다 주셨다. 우리의 만남과 인연은 이렇게 시작되었다. 계훈모 선생과는 그 후로 많은 일을 함께 하였고, 도움을 받았다.

관훈클럽에서 출간한 『한국언론연표』

계훈모는 언론연표 외에도 역사 연구의 토대가 되는 두 분야의 문헌목록을 만들었다. 「3·1운동관계 문헌목록」(『신인간』 통권 294~296호, 1972)과 「천도교(동학)관계 문헌목록」(『신인간』 통권 306~309호, 1973) 같은 노작이다. 두 연표는 그 분야 연구자들에게

계훈모 선생(오른쪽)과
저자. 한국연구원에서
고신문을 열람하던
1978년 무렵.

소중한 안내 역할을 하고 있다. 3 · 1운동과 천도교(동학)는 계훈모
가 관심을 가질 사연이 있는 주제였다.

계훈모는 천도교 가정에서 태어난 천도교 신자였다. 일제 강
점기 민족운동의 구심점은 천도교였다. 3 · 1운동의 중심인물도
천도교주 손병희였다. 계훈모가 서울대학교 사서로 근무하면서
천도교와 3 · 1운동관계 문헌목록을 만든 것은 그런 맥락에서 이
해 할 수 있다. 계훈모의 부친 계연집(桂淵集)은 보성중학 6회 졸업
생으로 자유당 시절 실력자였던 이기붕(李起鵬, 국회의장)을 비롯하

여 이정섭(李晶燮, 광복 후 조선방송협회 회장-남북), 최승만(崔承萬, 전 인하대 학장) 등이 동기생이었다.

계연집은 일제 강점기를 대표하는 잡지『개벽』사 회계 책임자로 근무한 적이 있었는데, 천도교에서 이 잡지를 발행하였던 인연 때문일 것이다. 그 후 1940년을 전후해서 몇 년간은 매일신보사 경리과에 근무한 경력이 있었다.[1] 1939년, 1941년, 1942년에 발행된『매일신보 사원명부』에는 경리부원 계연집의 이름이 수록되어 있음을 확인할 수 있다.

나는 계훈모 선생의 도움을 많이 받았다. 하지만 그분의 방대한 작업이 햇빛을 볼 수 있도록 도와 드렸다는 사실을 자랑스럽게 여긴다. 나는 관훈클럽신영연구기금 사무국장으로 재직 중인 때에 계훈모 선생의 연표 제1집을 출간해 드렸다. 그리고 계훈모 선생이 그 후속 작업을 진행하도록 하였다. 내가『한국언론연표』의 발간사업을 시작하지 않았다면 수익성이 없는 그 방대한 자료집을 출간해 줄 출판사는 이 나라 어디에도 없었을 것이다.

연표 제2집은 아직 원고가 완성되지 않았지만 1집의 후속작업으로 시작하였다. 자료를 모으면서 편찬작업을 병행하도록 지원하였는 데, 그러는 동안에 나는 관훈클럽 사무국장을 그만두고 영국 런던대학으로 유학을 떠났다. 관훈클럽은 그 후로도 계훈모의 제2집과 3집 자료 수집을 지원하고 출판했다.

1979년 12월 관훈클럽 신영연구기금에서『한국언론연표』제

---

1 계훈모,「나의 아버지 봉곡 계연집」,『신인간』, 1996.1, 52~59쪽.

1집을 출간한 후 나는 몇 군데 신문사와 당시 인기 있던 종합잡지 『뿌리깊은 나무』에 소개하여 계훈모의 공적을 이 세상에 알리려 했다. 이리하여 1979년 제23회 신문의 날을 앞두고 4월 4일 자 『서울경제신문』이 인터뷰 기사로 상세히 보도하였고, 이듬해 1월 10일 자 『한국일보』와 14일 자 『서울신문』도 보도하였다. 서울신문의 기사는 다음과 같은 리드로 시작되었다.

사람은 다 제자리가 있는 법이구나 하는 생각은 계훈모라는 이를 보았을 때 더욱 새로워진다. 내세울 만한 학력도, 뽐낼 만한 재주도 없을 뿐더러 굼뜨고 어눌한 이 사람이 바로 『한국언론연표 - 1881~1945』라는 방대한 책을 엮어낸 이다. 앞으로 한국언론관계를 연구할 양이면 어느 누구도 계훈모가 엮은 이 책의 은택을 아니 입지 못할 것이다.

이와 같은 평가를 받은 계훈모 선생과 나는 여러 면에서 상호 보완적인 입장에 있었다. 주로 내가 일방적으로 도움을 받는 입장이었다는 표현이 더 정확할 것이다.[2] 『한국언론연표』 제3집을 발간했을 때에 나는 『여의주』라는 미니 잡지에 「직업화와 추화」라는 제목으로 계훈모와 신문 수집가 오한근에 관해서 짧은 글을 쓴 적도 있다.

---

2 계훈모에 관해서는 내 책 『언론유사』에 상세히 기록한 바 있고, 관훈클럽 발행 『신문연구』 1993년 겨울호에 쓴 글도 있다.

일제 강점기에 『동아일보』, 『조선일보』와 더불어 3대 민간신문의 하나였던 『중외일보』가 1928년 12월 6일 자에 「직업화(職業化)와 추화(醜化)」라는 논설을 실었다가 무기정간의 필화를 당한 사건이 있었다. 항일 운동이 직업화하면 자신의 이익을 취하려는 불순한 자들이 끼어들 수 있으며 원래의 신성함을 잃게 된다는 사실을 지적하고 경계하는 내용이었다.

우리 사회에는 애국, 항일, 민주, 통일과 같은 불가침의 명분을 내세워 사익을 챙기는 자들이 적지 않다. 그러나 맡은 분야에서 일생을 걸고 성실하게 매진하는 사람들이 애국자이고, 사회 발전에 기여하는 사람들이라는 뜻의 글을 썼다. 각 분야에서 우리는 그런 인물들로부터 보이지 않는 혜택을 받으며 살고 있다. 그래서 나는 이렇게 썼다.

최근 『한국언론연표』라는 방대한 분량의 책을 만든 계훈모 선생이 몇몇 신문에 보도된 적이 있었다. 이 분은 오랜 기간 동안 옛날 신문들을 뒤져서 학자들도 손대지 못할 언론사 연구의 기초작업을 완성하셨다. 돌아가신 오한근 선생은 갖은 구박을 받아가며 신문을 수집하였던 분이다. 그는 어느 공공기관이나 대학도 관심을 기울이지 않았던 수백 종의 신문을 수집하였는데 그가 돌아가시던 때에는 '신문수집가'라는 특이한 이름을 붙여주었던 분이다. 우리사회의 여러 분야에는 이같은 인물들이 많을 것이다. 이와 같은 '직업적인 애국자'는 많을수록 좋을 것이다.

완벽을 추구하는 치밀함과 성실성

계훈모가 처음 만든 언론연표는 1967년에 국회도서관에서 펴낸 『한국 신문 · 잡지연표』임은 앞에서 언급한 바 있다. 책의 머리에는 다음과 같이 간단한 편자의 말이 실려 있다.

이 연표는 서울대학교 중앙도서관에서 주로 서울대학교 소장자료 (수록신문 창간 93종, 개제(改題) 34종, 잡지 75종)와 기타 문헌에서 조사한 것이다. 1881년(고종 18년)부터 1910년(융희 4년) 사이에 국내외에서 발행된 신문 잡지 및 언론항쟁의 전모를 살필 수 있도록 광범위한 조사를 했으나 소장자료의 불충분으로 미상(未詳)한 곳이 많이 있다.

이 짧은 글에서 주의해 보아야 할 부분 두 대목이 있다. "신문 잡지 및 언론항쟁의 전모를 살필 수 있도록" 하겠다는 대목과 "미상한 곳이 많이 있다"는 말이다. 계훈모가 앞으로 완성하는 방대한 연표는 이 말 속에 함축된 일관된 의지가 흐르고 있다.

연표는 일어난 사건을 객관적으로 간략하게 서술하는 것이 원칙이다. 가급적 편자의 의견은 배제하고 건조체(乾燥體)로 기록해야 한다. 계훈모의 연표도 틀림없이 이와 같은 원칙을 철저히 지키고 있다. 연표작성에 골몰하는 모습은 황소처럼 성실하다는 말이 꼭 어울린다. 그런데 그와 같은 자세의 내면에는 "언론항쟁의 전모를 살필 수 있도록" 하겠다는 철썩 같은 의지가 담겨 있다. 그가 초인적인 업적을 남기는 것도 바로 그와 같은 철학의 힘이 바탕이 된 때문이었다.

"미상한 곳이 많이 있다"는 부분은 계훈모가 늘 하던 말이다. 내가 보기에는 너무도 세밀하게 만들어서 더 이상 보탤 부분이 전혀 없을 정도로 완벽한 상태에 도달했을 경우라도 그는 언제나 부족한 점이 많다거나 자신이 없다고 말한다. 조금이라도 미심한 점이 있으면 자신이 근무했던 서울대학교 도서관이나 국립도서관, 국회도서관, 종로도서관, 또는 신문사 조사부 같은 곳을 직접 찾아가서 확인해야 직성이 풀리는 성격이다. 그 연세라면 움직이기가 쉽지 않을 터인데도 완벽을 기하기 위해 최선을 다하는 것이다.

계훈모는 인상만 보면 말수가 적고 신경이 무딘 사람으로 느껴진다. 자신의 주장을 좀체 드러내지 않는다. 그러나 오래 지켜보면 감정이 섬세하면서 자존심이 강한 성격이라는 것을 알 수 있다. 무슨 일이건 성심 성의껏 도와주는 분이다. 계훈모를 안 이후 나는 여러 가지 도움을 받으면서 늘 그 성실성과 섬세함을 새롭게 깨닫게 되었다. 지나가는 말로 물어보고는 나 자신도 잊어버리고만 일도 끝까지 기억해두었다가 다시 찾아보고 알려주었던 일이 여러 번 있었기 때문이다.

계훈모가 엮은 연표를 연도순으로 나열하면 다음과 같다.

1967　『한국 신문·잡지연표』(1881~1910), 국회도서관, 103쪽.

1970　『한국언론관계 문헌목록』(구한말~1945), 국회도서관, 50쪽.

1972　「3 · 1운동관계 문헌목록」(『신인간』통권 제294~296호).

1973　「천도교(동학)관계 문헌목록」(『신인간』통권 제306~309호).

1973　『한국언론연표』(1911~1945), 국회도서관, 705쪽.

1973년에 출간한 연표는 본문 589쪽에 보유편이 116쪽으로 합하면 모두 705쪽에 달하는 분량이었다. 한일 강제합방 이전까지를 다룬 첫 번째 연표가 나온 후 6년간 도서관에 근무하는 틈틈이 이와 같이 많은 자료를 정리한 것이다.

그러나 계훈모는 거기서 멈추지 않았다. 두 번째 연표가 나오던 1973년에 서울대학교 도서관에서 정년퇴직 했는데 이때부터는 전력을 다하여 이전의 작업을 더욱 보완하기 시작하였다. 이번에는 서울대학교 소장 자료에만 국한하지 않고 서울의 각 도서관을 두루 섭렵하면서 그야말로 최선을 다하여 완벽을 기하려는 노력을 기울였다. 언제나 부족하고 미비하며 틀린 부분도 많을 것이라는 겸손한 자세를 지니고 완벽을 추구하는 성격이기 때문에 출판을 기약할 수 없는 작업을 계속하고 있었던 것이다.

나는 가끔 계훈모 선생을 만나면서 이전에 발간한 『언론연표』의 부족한 부분을 보충하고 있다는 이야기를 들었고 그 분량이 훨씬 더 많아졌다는 사실도 알고 있었다. 때로는 함께 도서관을 찾아가서 자료를 뒤지기도 하였다.

15년 걸린 연표 작성 작업과 발간

계훈모 선생을 처음 만나던 때 나는 기자협회 편집실장으로 근무 중이었지만 1978년 1월부터는 관훈클럽신영연구기금의 사무국장으로 자리를 옮겨 신영연구기금의 새로운 사업을 기획하는 위치에 있게 되었다. 신영연구기금은 언론인들의 출판과 저술을 지원하는 한편으로 자체적으로도 뜻 있는 사업을 추진할 계획이었다. 당시 이사장은 조세형(趙世衡, 『한국일보』 편집국장) 선생이었다. 나는 계훈모의 언론연표를 기금에서 출판할 것을 건의하였고, 이사장 이하 전 이사진이 이를 흔쾌히 받아들여서 제1집을 출간할 수 있었다. 연표가 나오기 전에 조세형 이사장은 정계로 떠났으므로 후임으로 취임한 조용중(趙庸中) 이사장이 재임 중인 때에 책이 출간되었다.

1979년에 출판된 언론연표 제1집은 국회도서관에서 이전에 출간했던 두 권의 연표를 합치면서 거기에 내용을 대폭 보완했다. 체재도 새롭게 갖추었다. 사건이 일어난 날짜의 끝에는 출전을 밝힌 연표이면서 동시에 문헌목록의 역할을 겸하도록 하였다. 책이 나오기까지 애로도 많았다. 관훈클럽 사무국에는 국장인 나와 고등학교를 갓 졸업한 여직원 한 명만으로 꾸려가던 때였으므로 손이 부족한 형편이었다. 그러나 관훈클럽이 이 연표를 출판하지 않았다면 어느 곳에서도 이처럼 오랜 시일과 많은 자금이 소요되는 출판을 맡아줄 곳은 없었을 것이고, 계훈모 선생이 애써 만든 언론연표는 빛을 보지 못했을지도 모른다.

제1집을 출판하고 난 다음에 광복 이후의 언론사 자료를 수집하면서 제2집의 출간을 추진하였다. 자료를 수집하여 책을 만들자니 자연히 시간이 오래 걸렸다. 그래서 단시일에 내놓을 수 있는 사업을 병행하였다. 마침 우리나라 최초의 신문인『한성순보』의 창간 100주년을 앞두게 되었으므로『한성순보』-『한성주보』(1883~1888)의 영인과 번역(전3권) 사업을 마쳤고, 이어서『대한매일신보』한글판(1907~1910) 영인(전4권),『한국언론관계 법령전집』(1945~1980)을 발간하였다.

광복 직후의 자료 가운데는 좌익 계열의 신문과 잡지가 적지 않아서 계훈모 선생은 이를 어떻게 할 것인가를 망설이는 일이 있었다. 당시에는 좌익신문이나 북으로 간 좌익 언론인을 연표에 포함시키기는 조심스러운 상황이었다. 좌익 신문은 도서관에서도 별도로 보관하여 일반에게는 열람을 허용하지 않을 때였다. 정치적으로도 5공의 군부 세력이 정권을 잡은 시기였다. 그러나 역사 연구 자료는 객관적이라야 한다는 소신에서 나는 계훈모 선생께 좌익 계열의 간행물이라도 가능한 한 모두 수집하고 수록하도록 여러 차례 권유하였다. 이제는 남로당 기관지『해방일보』와 같은 신문이 영인되어 일반에 공개되고 있으니 그동안 세상이 많이도 달라진 것이다.

나는 1984년 12월 말일 자로 신영연구기금의 국장직을 내놓고 영국으로 유학을 떠나게 되었다.『대한매일신보』와 배설 연구를 위해서였다. 김영성(金永盛) 국장이 후임으로 취임하여 이듬해

계훈모(왼쪽)와 정진석(1980.1).

1월부터 제2집의 발간 사업을 인수하게 되었다. 김 국장은 기금의 살림을 처음 맡은 터라 여러 가지 사업이 겹쳐 있고 연표는 작업이 빨리 진척되지 않아서 걱정도 많이 했을 것이다. 사무국장이라는 책임상 일정기간에 사업을 마무리 지어야 할 터인데 제1집이 나온 다음에 무려 8년, 그가 사무국장을 맡은 지 2년 반이 지난 뒤인 1987년 9월에야 제2집이 출간되었으니 당연히 답답한 마음이었을 것이다. 그런 가운데도 김 국장은 이해심을 갖고 꾸준히 사업을 추진하여 2권과 3권 그리고 숙원이던 색인작업에 이르는 장기사업까지 마무리 지었다. 사업은 1978년에 시작하여 1993년에 끝났으므로 15년에 걸친 대 역사(役事)였다. 기금이 출판한 계훈모의 연표는 다음과 같다.

1979.12	『한국언론연표』제1집(1881~1945), 1,294쪽.
1987.9	『한국언론연표』제2집(1945~1950), 1,315쪽.
1993.10	『한국언론연표』제3집(1951~1955), 1,432쪽.
1993.10	『한국언론연표 색인』(1881~1955), 513쪽.

(색인은 정진석 편찬)

내가 영국에 있는 동안 계훈모 선생은 편지를 보낼 때마다 연표를 빨리 진척시키지 못해서 미안하다는 말을 빼놓지 않았다. 편지의 내용과 선생의 성품으로 보아 진심에서 우러나는 말임을 충분히 느낄 수 있었다. 먼 이국땅까지 그의 진심이 전달되었다. 제3집을 마무리 지을 무렵에는 가끔 몸이 편치 않아서 출근을 못한 일도 있었는데 건강이 염려스러워 문안 전화라도 드리면 빨리 완성해야 하는 책임을 다하지 못하고 있다면서 안타까운 마음에 흐느껴 우시는 소리까지 듣고는 가슴이 아팠다.

75세에 1955년 연표까지 완성

계훈모 선생이 연표 3집을 마지막으로 편찬하던 무렵은 75세의 생일을 넘겼으니 기력도 예전 같지 못하였다. 철저하게 자신을 억제하고 오로지 연표 작업에만 혼신의 노력을 기울이는 모습을 늘 옆에서 지켜보고 있었기에 나는 언론계와 역사학계를 위해서 건강을 지키시면서 이 일을 꼭 끝내주기를 마음속으로 빌었다.

원래의 계획은 5·16이 일어난 1961년 이전까지를 목표로 연표를 완성할 예정이었지만 1955년까지의 자료를 모두 정리하는 것으로 일단락을 지었다. 그 이후는 연표를 만들지 않더라도 자료에 접근하기도 쉽고 분량도 충분하다는 판단에서 신영연구기금에서 사업을 마무리 짓기로 한 때문이다. 어쨌건 계훈모는 언론연표를 위해 하늘이 내려 보내신 분이다.

연표의 편제는 4부로 나누어 I부 「신문」, II부 「잡지·출판」, III부 「방송·연극·영화」, 부록으로 「법령·자료」편으로 되어 있다. 언론에 관련되는 모든 사건과 사항을 정리하여 신문의 창간 폐간은 물론이고 제작상의 미세한 변화부터 언론인들의 인사이동과 동정, 큰 필화사건 등에 이르기까지 크고 작은 사건들을 최대한 수록하였다. 이 기간에 발행된 신문·잡지, 외교문서, 국회 속기록 등 다양한 기초자료를 샅샅이 조사하여 언론에 관련되는 사건과 사항을 골라내어 날짜순으로 배열하고, 그 출전을 상세히 밝혔다. B5판 2단 조판으로 1집에서 3집까지의 방대한 분량의 노작을 살펴보면, 편자의 진지하고도 실로 초인적인 노고에 깊은 인상을 받지 않을 수 없다.[3]

연표 제3집을 만들 때에 나는 관훈클럽이 임대한 무교동 현대그룹 동관의 한 사무실에서 계훈모 선생과 함께 작업을 하면서 자문도 하고 있었다. 칠순이 넘은 연세에도 안경을 쓰지 않은 채 신

---

3   정진석, 「한국언론연표와 색인 출간의 의의」, 『신문연구』, 1993 겨울, 244~254쪽.

문을 읽을 정도로 타고난 건강을 지닌 체질이었다.

1996년에 LG상남언론재단에서 출간한『독립신문』영인본도 자료조사 과정에 계훈모 선생의 도움을 받았다. 이 해는 재단이 대외적으로 출범한 첫 해였는데『독립신문』창간 100주년이었다. 나는 LG상남언론재단 이사로 재임하면서 영인사업을 기획하고 진행하게 되어 계훈모 선생에게『독립신문』을 빠짐없이 영인하려면 어느 소장처의 실물을 빌려 내야 할지를 조사해 달라고 부탁했다. 계 선생은 관훈클럽에서『한국언론연표』을 3집까지 편찬한 후 은퇴하여 바깥 활동을 하지 않고 있었다.

자신의 장례식까지 대비했던 치밀함

나의 부탁을 받은 계 선생은 기꺼이 노구를 이끌고 나섰다. 자신이 근무했던 서울대학교 도서관을 비롯하여 연세대학교, 서강대학교 등의 도서관에 소장된 지면을 꼼꼼하게 조사한 끝에 서울대학교와 연세대학교 소장본을 합치면 온전한 한 질을 만들 수 있겠다는 결론을 얻었다. 기존의 영인본에서는 영문판 1899년분은 누락되어 있었는데 이것도 모두 찾아내었다. 이리하여『독립신문』창간 100주년이었던 4월 7일에 맞추어 한글판 4책, 영문판 2책으로 된 6책 한 질의 영인본을 발행하였다.

계훈모 선생은 2003년 3월 25일에 돌아가셨다. 마지막 연표를 출간한 지 10년이 지난 때였다. 1918년 8월 23일에 태어났으니 85세였다. 강남성모병원에 문상을 가서 유족들과 처음으로 만났다. 선생은 돌아가실 때를 대비하여 사후에 누구누구에게 연락하라는 메모를 한 해 전에 가족들에게 남겨두셨다. 여러 사람에게 폐 끼치지 말기를 바라면서, 생전에 지녔던 인간적인 친분에 따라 반드시 알려야 할 사람만 최소한으로 골라 명단을 만들어 두었던 것이다. 장례식은 화장으로 치르라고 진작부터 단단히 일러두었다. 검소하면서도 절도 있고 꼼꼼한 성격이 인생의 마무리 단계에서도 깔끔하게 그대로 드러난 것이다.

무슨 이유였는지 사후에 연락할 사람들의 명단에 그의 평생직장이었던 서울대 도서관이 '유보'되어 있었다. 사후에 바로 알리지 말고 장례식 끝난 후에 알리도록 했다는 것이다. 왜 그랬는지, 선생의 마음을 알 것도 같았다. 정확히 30년 전에 서울대 도서관에서 정년퇴직을 하였으니 도서관에서 함께 일했던 같은 연배의 동료들은 모두 현직을 떠난 뒤였다. 근무했던 직장의 후배 동료들에게 폐를 끼치기 싫었을 것이다. 그렇지만 재직 중인 사람들 가운데는 계훈모가 어떤 분인지 아는 사람이 적지 않을 터였다. 퇴직한 예전 직장에는 어쩐지 발길이 잘 가지 않는 심리가 있다.

계훈모는 퇴직한 후에도 언론연표 작성을 위해 30여 년 동안 도서관에 수 없이 드나들었다. 그럴 때면 그는 늘 부탁하는 입장일 수밖에 없었다. 자료를 열람하고 복사하는 과정에 직원들의 불

친절도 있었을 터이고, 자존심 상한 일도 많았다. 나는 그런 입장을 누구보다도 잘 안다. 계훈모는 자신의 '간을 빼놓고' 도서관에 드나든다는 말을 내게 여러 차례 하셨다. 예전 직장의 후배와 아직 퇴직하지 않은 동료나 상사들을 찾아가서 자료 열람을 부탁하는 일이 내키지 않을 때도 많았을 것이다.

자료를 열람하고 복사하자면 신분상 무슨 근거를 제시해야 할 경우가 있다. 그래서 내가 관훈클럽 사무국장 시절에는 관훈클럽 명의로 자료를 열람할 수 있도록 추천장을 써 달라거나 교수 입장에서 개인적인 추천을 해 달라고 부탁한 일도 있었다. 겉으로는 아주 겸손하면서도 알고 보면 드러나지 않게 자존심이 강하면서 섬세한 선생의 성품을 나는 잘 안다. 결벽증이라 할 수 있을 정도로 깨끗하고 여린 그의 심성을 많이 접했다.

남이 알아주지 않는 훌륭한 일을 한 인물이 돌아가셨으니 신문에 1단 기사라도 내고 싶었다. 그러나 계훈모를 어떤 인물로 소개할 수 있을지 난감했다. 그는 학자도 아니고 언론인도 아니다. 언론연표라는 대작을 편찬한 분이라고 어떻게 설명할 것인가. 신문사의 데이터베이스에 수록되어 있지 않은 인물의 죽음을 어느 신문에 어떻게 알려서 기사화할 것인가. 망설이다가 결국 기사화하지 못하고 말았다. 생전에는 무슨 상이라도 타게 해 드렸으면 하는 생각을 가졌으면서도 실현하지 못했고, 돌아가신 후에도 세상에 그의 죽음을 알리지 못한 나의 무능이 죄스럽고 안타깝다.

계훈모의 언론연표는 그의 사후인 2001년에 동방미디어에서 데이터베이스로 제작하여 다시 탄생했다. 데이터베이스 작업은 내가 주선했다. 검색어를 입력하면 연표 3집에 수록된 복잡한 내용을 단 한 번에 검색할 수 있으니 참으로 편리하다. 내가 애써서 만들어 1993년에 출간했던『한국언론연표 색인』(1881~1955)은 계훈모의 연표를 활용할 수 있도록 편의를 제공한 것으로 자부하였지만 데이터베이스화하고 나니 나의 색인은 소용이 없어졌다. 하지만 나는 조금도 아쉬운 마음은 없다. 한국언론연표라는 방대한 노작을 완성한 계훈모 선생이 쌓은 업적을 많은 연구자들이 활용한다면 더 바랄 것이 없다는 생각이다. 그러한 업적을 이룩하는 일에 나는 작은 힘이나마 보탰고, 그가 출간할 수 있는 길을 열어주었다는 자부심도 크다.

영국에서는 일찍이 1877년에 '색인의 아버지'로 불리는 헨리 휘틀리(Henry B. Wheatley)의 주도로 색인협회(Index Society)가 결성되었다. 오늘날은 Society of Indexers로 이름이 바뀌었지만 이 단체는 1962년부터 매년 도서관 사서와 색인을 잘 만든 사람에게 위틀리 메달(Wheatley Medal)을 수여한다. 책의 저자를 비롯하여 문헌해제, 색인, 연표 작성 등의 직업에 종사하는 전문가들이 스스로를 존중하는 풍조에서 나온 제도가 정착되어 있는 것이다. 계훈모를 재평가하는 세미나라도 열어줄 단체는 없을까.

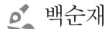

백순재

옛날 잡지에 생명을 불어넣은 서지학자

근대 문화사 기록의 보존과 체계화

백순재(白淳在, 1927.5.1~1979.7.9) 선생은 서지학자로도 불렸지만, 국내 최고의 잡지 수집가이자 연구가였다. 그는 유실될 운명의 잡지를 전문적인 안목으로 수집하고 보존하였을 뿐 아니라 진지한 자세로 잡지의 역사와 근대문학사 연구에도 업적을 남겼다.

1972년 11월 중앙공보관에서 열린 제16회 전국도서전시회는 백순재 수집 잡지 일부를 '특별부수전(附隨展)'이라는 명칭으로 선보였다. 백순재는 한말에서 광복 이전까지 발행된 잡지 400종을 전시할 계획으로 준비했지만 공간 부족으로 333종만 전시했다.[1] 그때까지 수집한 전체 잡지의 정확한 숫자는 본인도 잘 모르는 형편이었다. 이를 분류하고 집계할 일손과 장소가 부족하였기

---

1 「백순재 씨 수집품 323종 언론전문지 등 구잡지 전시」, 『기자협회보』, 1972.11.10.

백순재. 1976년 10월 22일
『신동아』 주최 '일정하
발금(發禁) 도서의 성격'
좌담회에 참석했을 때의 모습.

때문이다. 어림잡아 잡지는 600여 종이고, 권수로는 8,000 내지 1만 2,000여 권으로 추산되었다. 백순재가 수집한 잡지와 책은 그의 사망 후에 정확한 분량을 집계할 수 있었다. 수집품을 인수한 아단문고(雅丹文庫)에서 최종적으로 집계해 보니 잡지가 1,544종 1만 1,095책, 단행본이 4,744책에 이르는 방대한 분량이었다.[2] 하지만 2014년

2 『아단문고 장서목록』, 아단문화기획실, 1995.

12월에 아단문고가 발행한『아단문고 장서목록 1, 단행본+잡지』(재단법인 아단문고)에는 5,049책의 목록이 수록되어 있다.

고등학교 국어교사였던 백순재가 넉넉하지 못한 수입으로 잡지를 수집하지 않았다면 귀중한 잡지들이 흔적 없이 사라지거나 어디에 있는지 찾아볼 방법이 없을 정도로 흩어져서 잡지사의 중요한 부분이 복원될 수 없는 빈자리로 남게 되었을 것이다.

『잡지총람』에 정리되어 있는「폐간잡지 요람」에 실린 소장처를 보면 백순재가 수집한 자료는 연세대학교, 이화여자대학교 등 역사가 오랜 대학도서관이 소장한 잡지보다 더 많은 수준으로 귀중한 것들이 많았음을 확인할 수 있다.

민족정기가 서린 한말 잡지

백순재의 본적은 경기도 수원시 매산로 3가 84번지였다. 일제 패망 직전인 1944년 3월에 수원중학교를 졸업할 때까지 그는 수원에서 살았다. 광복 직후인 1945년 9월 연희대학 전문부 문과에 입학하여 1947년 10월에 수료했다. 졸업과 동시에 대전공업중학교에서 2년간 교사생활을 하다가(1947.10~1949.8) 국학대학 법문학부 국문과에 입학하여 전쟁 중에 학업을 마쳤다. 대학 재학 중인 시기가 1949년 9월에서 1952년 3월 사이였으니 전쟁이 한창이던 북새통과 피난살이에 제대로 공부할 여건은 아니었을 것이다.

1974년에는 중앙대학교 대학원에서 「원각사 극장연구」를 주제로 석사학위를 받았다.

대학 졸업과 동시에 대전사범학교 병설중학교(1952.3~1955.11)에서 3년 반 동안 국어교사로 재직하다가 서울사범학교 교사(1955.11~1963.2)를 거쳐 성동여자중학교 · 성동여자실업고등학교 교사가 되었다. 1969년 2월에는 서울고등학교로 자리를 옮겼는데, 1974년 2월 서울시 초중고교 교사 이동 명단에 서울여고로 전보발령이 난 '백순재'가 보인다. 서울여고 근무 여부는 알 수 없다. 1967년 무렵에는 경희대학교 신문학과 강사로 강의했고, 그 후 중앙대학교와 서울대학교 신문대학원에서도 잡지출판론을 강의하는 등으로 활동 무대를 넓혔다.

백순재가 잡지 수집에 눈을 뜬 시기는 광복 직후였다. 연희대 전문부에 재학하면서 신극사(新劇史)의 자료를 얻기 위해 잡지를 찾기 시작한 때부터였다. 나도향(羅稻香) 특집이 실린 『현대평론』 1926년 8월호를 구하기 위해 꼬박 일주일을 찾아다닌 끝에 쌀 몇 말 값을 주고 겨우 손에 넣을 수 있었다. 백순재가 본격적으로 잡지를 모으기 시작했던 전쟁 직후에는 많은 잡지가 고서점에 흘러나왔지만, 잡지를 별로 탐탁하게 여기지 않던 시절이므로 헐값에 구입할 수 있었다. 잡지 수집에 절호의 기회였다. 백순재가 잡지를 모으기 시작한 후에 고서점에서 잡지 가격을 두 배로 부를 정

도가 되었다. 하지만 부지런히 고서점을 뒤졌고 엿장수가 끌고 다니는 리어카도 그냥 지나치지 않았다.[3]

고등학교 국어교사의 월급으로 잡지를 모으는 일을 지속하자니 경제적으로도 어려웠다. 그는 잡지를 수집하는 동안 여러 문헌에 적힌 잡지 관련 기록이 정확하지 않다는 사실을 발견하고 바로잡겠다는 사명감을 갖게 되었다. 국어를 가르치면서 문학작품의 오류도 많이 찾아내었다. 교과서에 실린 이상화의 「빼앗긴 들에도 봄은 오는가?」에 "맨드라미 들 마을에도"라는 구절이 있는데 원문 "맨드라미 들마꽃에도"의 오기였다. 소월의 시집은 1925년 12월에 『진달래꽃』이 출간된 이래 1973년까지 약 80여 종이 나온 것으로 추정되었다.[4] 백순재가 하동호 교수와 공편으로 소월의 시 201편을 묶어 출간한 전집 『못 잊을 그 사람』(양서각, 1966; 인하출판사, 1970; 미림출판사, 1973)은 세 출판사에서 출간할 정도로 인기가 있었다. 소월 시의 가장 완벽한 정본으로 평가 받았기 때문이다.

언론계와 문화계에서 백순재 수집 잡지의 중요성에 주목하기 시작한 때는 1963년 무렵이었다. 대한출판문화협회는 이 해 독서주간인 11월 24일부터 지금의 프레스 센터 자리에 있던 구 신문회관에서 '출판물 특수전시회'를 개최했다. 잡지는 백순재, 신문은 오한근의 소장품을 전시했다. 두 수집가의 희귀 소장품이 세상에 처음 선을 보인 것이다. 김원룡(서울대 문리대 교수), 이종수(서울

---

3   김진홍, 「고서점, 흩어진 어제의 행적 되모아 내일을 창조한다」, 『동아일보』, 1971.2.27.
4   구건서, 「흘러간 만인의 베스트셀러」, 『경향신문』, 1973.3.31.

사대 학장), **박종화**(소설가), **백철**(중앙대 교수·문학평론가), **김근수**(수도
여사대 교수) 등 개인 소장품과 서울대학교와 연세대학교 도서관도
찬조 출품을 해서 잡지가 근대 문학과 문화의 발전에 큰 역할을
했다는 사실을 사회에 널리 알리는 계기가 되었다.[5] 원고전시(여원
사), 화보전시, 도서제작 과정 전시 등의 다양한 자료도 함께 공개
되었다.[6] 한말부터 시작하여 일제 강점기를 거치면서 문학작품의
발표무대이자 외국의 새로운 사상을 도입하는 창구 역할을 맡았
던 다양한 잡지를 한 자리에 놓고 볼 수 있는 기회였다. 귀중한 잡
지를 체계적으로 수집 보관한 백순재라는 인물을 사회에 널리 알
리는 계기도 되었다.

1971년 11월 1일부터 국립공보관에서 개최된 대한출판문화
협회 제15회 전국도서전시회 '한국출판 90년전'에도 백순재는 출
품했다. 안춘근, 하동호가 소장한 장서와 함께 1883년부터 광복
되던 1945년까지의 귀중 도서 65종이 전시되었다.

잡지와 출판물 수집 국가기관 설립 주장

백순재는 잡지와 출판물 등 문화유산이 여러 곳에 흩어져서
소재를 알기도 어렵고, 그 가치를 모르는 상황에서 훼손 또는 산

---

5 「두 개의 도서전시회」, 『경향신문』, 1963.9.25.
6 「출판물 특수전시회」, 『경향신문』, 1963.9.11.

일(散逸)되고 있는 현실을 몹시 안타까워했다. 자료를 소중하게 여기면서 모으고 연구한 사람만이 실감할 수 있는 가슴 아픈 실정이었다. 그래서 서지 전반을 관장할 국가기관으로 '한국문화연구원'을 설립하거나 여의치 않으면 서지학 진흥을 위한 범국민적 단체를 결성할 것을 제창하는 글을 기회 있을 때마다 신문에 기고하고 인터뷰 때도 이를 강조했다.[7]

책을 들고 있는 백순재. 『동아일보』, 1967.1.31.

백순재는 한말 국내에서 발간된 최초의 잡지 『대죠션독립협회회보』의 내용을 보면서 흥분하지 않을 수 없었다. "자자구구(字字句句) 감동이 어렸고, 어느 하나 가슴을 흔들어주지 않는 것이 없어요. 민족정기는 온통 그 속에 어려 있어요"라고 찾아온 기자에게 말했을 정도였다.[8] 민족문화의 자주성을 확보하고 앞날의 영광된 민족을 만들기 위해서는 근대사 자료센터의 설치가 시급하다는 점을 그는 목청을 높여 외쳤다.[9] 일본은 1908년경에 메이지 연간에

7 백순재, 「인멸직전의 위기에서 외면할 수 없는 서지부문 / 아쉬운 자료센터, 고서보존 대책을」, 『경향신문』, 1965.9.22.
8 「잡지사의 산 자료 책속에 파묻혀 사는 백순재 씨」, 『경향신문』, 1963.7.17.
9 백순재, 「근대사료 센터를 설치하라」, 『경향신문』, 1966.3.23.

발간된 신문잡지를 수집하여 도쿄대학에 '메이지신문잡지문고'라는 부설 기관을 설립하여 문화사적인 의의와 자료적 가치를 크게 평가하고 있는데 우리는 이에 대한 관심이 없다고 개탄했다.[10]

세 부류의 수집품 – 필사본, 신소설, 잡지

백순재의 공적은 크게 네 가지로 분류할 수 있다. 첫째는 잡지의 수집이었다. 백순재가 잡지를 모았던 시기는 절묘했다. 그때가 아니었으면 국가적 사업으로도 불가능했을 일을 혼자 힘으로 해내었다. 전쟁이 끝나고 잡지의 중요성에 아직은 별로 주목하지 않았던 1950년대에 잡지를 모으기 시작했기에 가능했던 일이었다. 10년 늦게 시작했더라도 고등학교 국어교사의 힘으로 이처럼 방대한 잡지 수집에 성공하기 어려웠을 것이다. 김근수, 안춘근, 하동호 같은 다른 수집가들도 이 시기에 수집했기에 많은 자료를 손에 넣을 수 있었다. 1966년에는 백순재의 장서가 1만여 권을 훨씬 넘었다. 그는 자신의 장서를 세 부문으로 대별했다.

첫째는 조선조 시대의 각종 필사본. 백순재는 최세진(崔世珍)의 번역 노걸대로 추정되는 『노걸대』 상권을 발견하여 남광우(중앙대) 교수가 이를 고증하여 공개한 적이 있었다.[11] 조선시대의 고

10 백순재, 「가시밭길의 피어린 발자취, 잡지 60년」, 『동아일보』, 1968.12.12.
11 남광우, 「번역 노걸대 卷 上, 새로 발견된 최세진 저」, 『경향신문』, 1972.11.13; 「최세

전적, 각종 필사본, 신소설류, 간찰 등 고문서가 5천여 권에 이르는 방대한 분량이다.[12] 국보 제202호『대광불화엄경(大廣佛華嚴經)』도 수집품에 포함되어 있다.[13]

둘째로 신소설 100여 종. 백순재는 문학 관련 자료를 많이 발굴했다. 1968년에 전광용, 송민호, 백순재 세 사람 공편으로『한국 신소설전집』(을유문화사) 10권을 편찬했는데, 이인직, 이해조 등의 작품을 현대문으로 풀어서 수록한 전집이다. 1974년에 출간된『현대 한국단편문학전집』(문원각)에는 작고 작가 32명의 단편 500여 편을 수록하면서 이전에 어느 전집에도 수록되지 않았던 작품을 새롭게 발굴하여 포함시켰다. 대부분 백순재가 찾아낸 유작들이다. 한국 문학의 양적 확대에 크게 기여하였다는 평가를 받았다.[14]

이상(李箱)의 첫 작품이자 장편소설『12월 12일』을 총독부가 발행한 일어잡지『조선(朝鮮)』에서 찾아낸 사람도 백순재였다.[15] 이상의 장편소설은 1930년 2월부터 12월까지 9회 연재되어 있었다. 최초의 신소설로 알려진 이인직의『혈의 누』보다 8년 먼저 일본인이 발행하던『한성신보』에 실린「요화(妖畵)」를 비롯하여 여러 편이 있었던 사실을 밝히면서「신소설의 통설은 옳은가」라는

진의 번역 노걸대 발견」,『동아일보』, 1972.11.10.

12 방인철,「'책 모으기' 한평생… 한국 고전의 '보고'로」,『중앙일보』, 1979.7.12.

13 『문자와 상상』제1호, 아단문고, 2014.10, 38~43쪽.

14 「묻혀있던 일제하 작가 등 발굴, 현대 한국문학전집」,『동아일보』, 1974.5.3.

15 「이상의 첫 장편소설『12월 12일』발견」,『경향신문』, 1975.8.5;「이상 연구에 새 전기」,『동아일보』, 1975.8.6;「이상의 처녀 장편『12월 12일』서지 연구가 백순재 씨 발굴」,『조선일보』, 1975.8.6.

글을『한국문학』(1977.2)에 발표하면서 화제가 되었다.[16] 이어서 같은 잡지 4월호에는 이인직의 장편소설『강상선(江上船)』을 발굴하여 이인직 연구에 새 자료를 제공했다. 이밖에도 백순재가 발굴한 문학관련 자료는 많았다.

세 번째는 잡지였다. 장서 가운데 가장 애착이 가는 수집품은 역시 잡지였다. 광복 이전의 잡지는 우리 민족의 저항정신이 담긴 총화라 할 수 있다.[17] 백순재가 수집한 잡지는 근대 역사와 문학, 문화사 연구의 기초를 다지는 작업에 크게 이바지하였다. 당시에『개벽』완질을 소장한 사람은 백순재가 유일했다.[18]『개벽』은 1969년에 천도교에서 영인본을 출간하였는데, 백순재는 3년 전인 1966년에『개벽』총목차를 정리하여 연구자들이 활용할 자료로 제공하였다.

경제적 여유가 없었던 그는 잡지 수집에 많은 애로를 겪었다. 고서점에서 자신이 수집하지 못했던 잡지를 입수하면 부인 몰래 감추어 가지고 집으로 들어가기도 한다는 이야기를 내게 들려준 적이 있었다. 어렵사리 수집한 자료를 보관하는 일은 그의 또 다른 애로였다. 동대문구 이문동 외국어대학교 길 건너편 골목 안에 위치한 자택에 보관하자니 장소가 협소하여 라면상자에 넣어둔

---

16 「최초의 신소설은『혈의 누』가 아니라 작자미상의『요화』다, 서지학자 백순재 씨 주장」,『동아일보』, 1977.1.12.
17 「장서가와 稀書 5, 백순재 씨와 해방 전 모든 잡지」,『경향신문』, 1966.3.16.
18 「개화기의 두 잡지…『창조』,『청춘』전질 영인 출간」,『동아일보』, 1970.4.21 ;「『개벽』지 영인 완간」,『동아일보』, 1970.6.6.

채 제대로 정리할 수 없어서 활용에 어려움을 겪기도 했다. 1968 년 11월호 『신동아』는 다음과 같이 그의 애로를 소개했다.

> 백 씨의 집은 흡사 사설 도서관. 방마다 책이 가득 차 있다. '가난한 월급쟁이' 형편에 그나마 모든 재력을 잡지 수집에 들이다 보니 그에 게는 7,000권의 책을 정리해 놓을 만한 책장도 서재도 없다. 그의 거 실이자 서재인 두 칸 반짜리 한쪽 벽이 지난 비에 무너져 귀중한 책 들이 흙탕물에 젖었다. 화재도 무섭고 쥐도 두렵지만 책을 달리 '우 대'할 방도가 없어 안타깝다.

우리가 현대사 정리를 마무리 짓지 못하고 있는 이유는 자료 가 정비되지 않은 탓이라는 것이 백순재의 지론이었다. 일본은 한 국을 침략하는 과정에서 연구열이 강했다. 그 증거로 합방 전부터 한국 관련 책자를 많이 출간하였을 뿐 아니라, 조선총독부 시절 중추원에서 만든 조사자료와 만주 침략을 위한 만주철도 도서실 설립 등을 살펴보면 문화침략의 치밀함과 중요성을 알 수 있다. 현대사 연구의 기본 자료는 바로 신문과 잡지인데 이를 수집 보관 하는 사업에 너무 소홀하다고 백순재는 지적했다.[19]

백순재의 두 번째 업적은 잡지의 역사연구였다. 「한국잡지 70 년사」(『사상계』, 1965.8~11, 3회 연재)부터 시작하여, 『신동아』에 발표 한 「잡지를 통해 본 일제시대의 근대화운동」(1966.1~7, 7회 연재)은 잡

---

19 백순재, 「현대사 정리와 잡지」, 『동아일보』, 1966.9.15.

지발달사의 체계를 세운 논문으로 이 분야 연구에 디딤돌이 되었다. 그가 쓴 여러 편의 잡지사 논문 가운데는 공보부가 발행한『한국의 언론』(1968)에 수록된「잡지사」, 잡지협회가 발행한『한국잡지총람』(1973)에 쓴「한국잡지 발달사」도 대표적인 잡지연구 논문이다.

『사상계』는 1965년 8월부터 백순재의「한국잡지 70년사」를 연재하면서 다음과 같은「편집자 주(註)」를 달았다.

본문은 한국잡지의 발달과정을 총괄해서 연구한 결과로 나타난 근대사 연구의 한 결정(結晶)이다. 근대사 연구에 있어 잡지류의 연구는 조그마한 부분이라고 하겠으나 잡지에 나타난 주의주장이 당시의 사상을 파악하는데 가장 적절한 자료가 된다. 이 점에 비추어 본 연구는 독자들에게 여러 가지 시사(示唆)가 있을 것으로 생각한다.

『사상계』에 연재한 백순재 논문 제목은 다음과 같다.
　① 친목회보와 자신보(自新報) / 전위적인 동인지의 출현(1965.8).
　② 독립협회보와 가정잡지 / 한말 개화기의 대중계몽운동(1965.9).
　③ 대한자강회보와 소년지 / 지연(地緣)학회 중심의 구국운동
　　(1965.11).

『신동아』연재「잡지를 통해 본 일제시대의 근대화 운동」
　① 1910년대의 계몽지 시대(1966.1).
　② 1920년대 민족주의 사상의 발흥(1966.2).

③ 민족주의 사상의 변천과정(1966.3).

④ 근대문학정신의 확립(1966.4).

⑤ 20년대 후반기의 문학운동(1966.5).

⑥ 비판 없는 비판시대(1966.6).

⑦ 강제 동원된 황민화(1966.7).

백순재는 이밖에도 다음 중요한 잡지사 논문을 발표했다.

「일제의 언론정책과 필화사건, 『개벽』지를 중심으로」(『신동아』,
1967년 5월호).
「한국잡지 70년의 사상, 창간사를 중심하여 본」(『세대』, 1968년 1월호).
「한국 특수 전문지 60년」(『세대』, 1968년 6월호).

목록 작성, 전시회 출품, 총서 편찬

백순재의 세 번째 업적은 잡지의 목차 작성이다. 그는 잡지의
수집과 연구에도 업적을 남겼지만, 잡지의 목차 작성도 높이 평가
할 공적이다. 1966년 9월에는 하동호 교수와 공동으로 『개벽』지
의 총목차를 작성했다. 잡지 목록은 발행 당시의 지적(知的) 풍토
를 쉽게 이해할 수 있는 조감도이면서 연구자들의 노력을 크게 줄
여주는 길잡이이자 나침반 역할을 한다. 작품연구, 작가, 정치인,

학자 등의 인물을 연구할 때에도 가장 먼저 찾는 유용하고 귀중한 자료가 잡지다. 한국의 근대와 현대문학사는 잡지문학사라 해도 무방할 정도로 잡지는 신문학(新文學)의 산실 역할을 해 왔고, 공헌한 바도 컸다고 백순재는 강조했다.[20] "잡지의 정리는 한국 근대사상의 광맥을 탐사하는 것"과 다름없다거나,[21] 문학사 연구는 신문과 잡지를 자료로 활용하지 않고서는 불가능하다는 그의 주장에 이의를 제기하는 사람은 없었다. 백순재의 목차 작성은 다음과 같다.

『개벽지 총목차』(국회도서관, 1966)에 이어 백순재의 잡지목차 정리 작업은 계속되었다.

『한말잡지 목차총록; 1896~1910』(국회도서관, 1967.9)은 동경유학생들이 발행한 『친목회회보』(1896)로부터 29종의 잡지와 이 기간에 발행된 여러 단체의 『회보』 등의 모든 목차와 소장자 일람까지 수록하여 연구에 도움이 되도록 만들었다.

『동광(통권 40호) 신동아(통권 59호) 총목차』(국회도서관, 1969) 백순재는 이 두 잡지가 ① 민족운동의 한 방편으로 발행되었으며, ② 판매와 보급을 확대하여 독자와의 거리를 좁혔고, ③ 민족의 공기(公器)로서 대변지의 역할을 담당했다고 평가했다.

『조선총독부월보 및 彙報 목차색인』(국회도서관, 연도 미상) 총독부가 발행한 일어 잡지로 일제 강점기 연구에 필요한 자료이다.

---

20 백순재, 「측면으로 본 新文學 60년」, 『동아일보』, 1968.2.10.
21 「근대사상 캐내는 잡지정리」, 『동아일보』, 1970.11.2.

백순재는 수집한 자료를 전시하여 일반인들이 잡지의 실물과 처음 발표되던 당시의 문학작품을 접할 수 있도록 하면서 자료의 소중함을 깨우쳐 주었다는 점에서 교육적인 효과도 거두었다. 1967년 제11회 전국도서전시회는 신시(新詩) 60주년을 기념하여 백순재-하동호 두 수집가의 소장 자료로 '시집 전시회'를 열고 6·25전쟁 이전까지 발간된 창작시집과 번역시집 245종을 전시했다. 최초의 창작시집은 김억의 『해파리의 노래』(조선도서, 1926)였고, 첫 번역시집 역시 김억의 『오뇌(懊惱)의 무도(舞蹈)』(광익서관, 1921)이라는 사실도 이 전시회를 통해서 알려졌다.

잡지와 사료의 영인

네 번째 백순재의 업적은 잡지를 비롯한 사료의 영인작업이다. 백순재는 한국학 문헌을 집중적으로 영인 출판하던 아세아문화사의 편집고문으로 위촉되어 중요한 서지 자료의 영인 작업을 자문하고 주도했다.

1976년 11월 아세아문화사는 개화기 학술지 발간계획을 세우면서 백순재를 고문으로 영입했다. 12월부터 백순재는 개화기 잡지를 영인하고 해제를 집필하였다. 백순재가 「해제」를 쓴 아세아문화사 발행 첫 영인자료는 김병조(金秉祚)의 『대한독립운동사략(史略)』(1920, 상하이 『독립신문』 발행. 1977. 2 아세아문화사 영인)이었다.

『고문경찰소지(小誌)』(1910.3, 구한국 내부(內部) 경무국 발간. 1977.3, 아세아문화사 영인) 역시 백순재가 해제를 썼다. 백순재가 아세아문화사에서 '한국 개화기 학술지 총서'로 영인한 잡지는 다음과 같다.

대죠선독립협회회보(1896~1897, 18호)

태극학보(1906~1908, 26호)

대한자강회월보(1906~1907, 13호)

서우(1906~1908, 17호)

대한유학생회학보(1907, 3호)

기호흥학회월보(1908~1909, 12호)

서북학회월보(1908~1910, 19호)

호남학보(1908~1909, 9호)

대한학회월보(1908, 9호)

대한협회회보(1908~1909, 12호)

대한흥학보(1909~1910, 5호)

흥사단이 발행한『동광』(1926.5~1933.1)도 백순재의 제안으로 아세아문화사가 영인하고 백순재의 해제를 붙였다. 이어서 '개화기 교과서총서'(20권)를 영인하였다. 이 총서는 한 책에 4권 또는 5권 정도를 수록하여 20책에 묶었는데 개화기의 교과서가 망라된 대 기획으로 국학 진흥과 근대사 연구에 대단히 중요한 출판이었다. 백순재는 제1권부터 10권까지의 '해제'를 집필하여 자료의 중요성을 쉽게 풀어 썼다.

1978년 여름에 백순재는 아세아문화사 부설 한국학문헌연구소 소장직을 맡아 '한국 개화기 문학총서'를 기획하였다. 백순재, 김윤식, 송민호, 이선영이 편집위원으로 참여해서 신소설 · 번안 (역)소설을 각 10책에 묶어 출간하였다. 이와 함께 개화 전후의 근대사상을 총정리하여 '한국 근대사상총서'(1979)도 기획하는 등 백순재는 한말에서 일제 강점기의 자료를 제공하고 정리하면서 고증을 담당하는 최고의 전문가였다.

을유문화사의 '한국신소설전집'(1968)은 전광용, 송민호, 백순재가 편찬위원으로 65종, 72책의 소설을 10권에 묶어 발간하였다. 대부분 백순재가 소장했던 귀중한 자료들이다. 개화기 이후 일제 강점기의 학술, 사상, 문학 서적을 발굴하고 정리하여 이를 영인하거나 출판하는 작업은 학술 발전에 엄청난 기여를 하고 있으며 백순재의 불멸의 공적이었다. 그는 대학에 몸담지 않은 수집가이자 연구자로, 한국학 학술관련 대학연구소가 할 수 없었던 업적을 쌓은 것이다.

병풍 그림 뒤에 숨어 있던 『한성주보』

백순재는 병풍 안쪽에 숨어 있던 『한성주보』를 찾아내어 복원한 일화를 남겼다. 그는 1970년 5월 어느 날 동대문 근처 골동품

상에서 오원(吾園) 장승업(張承業, 1843~1897)의 10폭 병풍 그림 뒤에『한성주보』가 배접되어 있는 것을 발견했다. 병풍을 입수한 사람은 이원기(李元基,『월간문화재』대표)였다.[22] 병풍에 배접된 신문지면은 안쪽에 파묻혀 있기 때문에 병풍을 새로 수리하지 않는 한 다시 햇빛을 볼 수 없는 상태로 가려져 있다. 병풍을 수리하는 경우라도 앞쪽의 작품에만 신경을 써서 조심스레 다루지만 뒷면에 배접된 종이는 뜯어서 폐지로 버려진다. 백순재는 병풍을 조심해서 뜯어 달라고 부탁하여 귀중한『한성주보』지면 몇 호를 복원하였다. 하찮은 쓰레기로 사라져 버렸을 운명에 처한 개화사의 소중한 자료가 전문가의 눈에 띠어 다시 살아난 것이다. 언론의 역사적 사실을 규명할 단서를 백순재가 찾아준 사건이었다.

백순재가『한성주보』를 수집한 일화는 이광린의 논문「『한성순보』와『한성주보』에 대한 일 고찰」에 처음 언급되었고,[23]『중앙일보』방인철 기자도 백순재 사망 기사에서 숨어 있던『한성주보』발견 사실을 보도했다.[24] 백순재가 병풍에 배접한『한성주보』를 찾아낸 것은 사실이지만, 그것이 제 몇 호였는지는 부정확하게 알려져 있었다. 이광린은 백순재가 찾아낸『주보』는 제103호(1888년 2월 20일)와 제104호(2월 27일)라고 썼고, 방인철은 105호 이후 108호까지가 그림 뒤에 덕지덕지 붙어 있었다고 보도했다. 그러나 백

22 방인철,「'책 모으기' 한평생… 한국 고전의 '보고'로」,『중앙일보』, 1979.7.12.
23 이광린,『한국 개화사 연구』, 일조각, 1974, 88쪽.
24 방인철,「'책 모으기' 한평생… 한국 고전의 '보고'로」,『중앙일보』, 1979.7.12.

주인잃은 고白淳在씨의 서가. 古文書들이 정리되지 않은채 쌓여있다.

진료우가한골... 韓國古典의「寶庫」로

他界후 밝혀진 書誌學者 白淳在씨의 집념

회귀한 藏書 2萬5千권

"韓國雜誌史 정리못해 恨"

病苦에 시달리면서도 古書店 뒤져

모은 資料 學者들에 제공하는게 樂

〈方仁烋기자〉

백순재의 업적을 보도한『중앙일보』, 1979.7.12.

순재가 병풍에서 뜯어낸『한성주보』는 완전한 지면 3호(제49호, 62호, 64호)와 호수를 알 수 없는 지면이 상당수 있었다. 지령 103호 이후의 지면은 없었다.

나는 1982년부터『한성순보』와『주보』의 영인 작업을 진행한 일이 있었다. 한 해 뒤에 있을『한성순보』창간 100주년에 맞추어 국내에 있는『순보』와『주보』를 모두 모아 영인하는 한편으로 한문 기사의 번역을 맡겨 관훈클럽신영연구기금에서 출판하기로 되었다. 나는 여러 도서관은 물론이고 개인이 소장한 자료를 모두 모으면서 백순재가 찾아냈다는『주보』도 영인본에 넣으려고 시도했다. 그러나 백순재는 몇 년 전인 1979년 7월 9일에 이미 타계한 뒤였다. 유족에게 일단 전화로 문의해 보았으나 그런 자료가 있는지 어떤지도 알 수 없다는 대답이었다. 상자 속에 넣어 둔 많은 자료들은 본인만 알 수 있을 뿐, 유족들은 내용을 알기 어려웠다. 그래서 백순재가 수집한『한성주보』는 1983년에 내가 영인한 책에 포함되지 않았다.

『한성주보』는 마지막 발행 날짜가 알려져 있지 않았다. 그때까지 실존했던 마지막『주보』의 실물은 이해창(이화여대) 교수가 소장했던 제106호(1888.3.12)의 표지 한 장이 있었다. 이를 근거로 날짜를 맞추어 보면『주보』가 폐간된 것으로 추정되는 이해 7월 14일까지 제123호까지 발행되었을 것이다. 폐간 무렵에는 제대로 발간되지 않았다 하더라도 적어도 제120호는 나왔을 것이다.『주보』는 중간에 유실된 호수가 많아서 1983년에 영인본을 발행하면서 찾아낸 실물을 모두 맞추어본 결과 41호가 남아 있을 뿐이었다. 발행된 호수의 절반이 채 안 되는 지면이었다.

관훈클럽에서 영인본을 발간한 후에 백순재 수집 잡지와 서적들은 한화그룹의 아단문고(雅丹文庫)가 인수하였다. 백순재가 병풍에서 찾아 복원한 『주보』도 아단문고에 잠자고 있었는데, 2010년 12월에 아단문고의 박천홍 실장이 내게 『주보』의 소장 사실을 알려주면서 적절한 방법으로 사회에 공개하여 연구에 활용할 수 있도록 했으면 좋겠다는 뜻을 밝혔다. 영인본이 발간된 지 27년이 지난 뒤에야 백순재가 수집한 『주보』 지면이 나타난 것이다. 찾아가서 확인해 보니 완전히 보존된 지면은 제49호, 62호, 64호의 3호였고, 호수를 알 수 없는 지면이 상당수 있었다.

『순보』와 『주보』는 한 호 20페이지를 책자형태로 묶어서 발행하였는데 표지 뒷면에는 기사가 없고 발행 날자만 적혀 있다. 표지 뒷면에 날자가 적혀 있을 뿐 본문 각 페이지에는 발행일, 호수와 같은 표시가 없기 때문에 묶어진 한 호를 풀어 흩트리면 본문이 어느 날 발행된 지면인지 도무지 알 수 없게 된다. 백순재가 병풍 배접에서 찾아낸 지면은 흩어진 낱장 상태였다. 병풍에 배접할 때에 풀어서 활용했기 때문이다.

흩어진 낱장 가운데는 이전에 영인된 지면도 포함되어 있었다. 영인본과 모두 대조하여 이전 영인본에 들어 있는 지면을 제외하고 보니 낱장 지면 20쪽이 남았다. 한 호 분량 기사 16쪽 외에 4쪽이 더 남은 것이다. 『주보』 한 호 20쪽 가운데 기사가 들어가는

지면은 16쪽인데(앞표지 2쪽, 뒤표지 2쪽은 기사가 없음) 정밀히 검토해
본 결과, 낱장 20쪽은 13호와 14호의 내용으로 판단되었다.

이리하여 백순재가 수집한 지면을 최종적으로 종합해 본 결과
5호가 완전한 것으로 판명되었다. (제14호는 4페이지만 남음.)

제13호(1886.4.26)   제14호(1886.5.3)

제49호(1887.2.17)   제62호(1887.5.2)

제64호(1887.5.23)

한편 박정규 교수도『주보』2호를 소장하고 있다는 사실을
2010년 12월에 우연히 알았다. 서울대학교 언론정보연구소가 개
최한 연구모임에서 만난 박 교수로부터 자신이『한성주보』2호
를 가지고 있다는 말을 무심결에 들은 적이 있었다. 그때는 그냥
지나쳤는데, 아단문고의『주보』를 조사하고 나서 확인해 보았더
니 박 교수는 지금까지 보지 못했던 제100호(1888.1.30)와 101호
(1888.2.6)를 소장하고 있었다. 제50호 표지도 있었는데 기사는 아
주 불완전하게 2쪽이 남아 있었다. 상당부분 훼손된 상태였지만
제50호의 표지가 남아 있는 것만으로도 소중한 자료라 할 수 있었
다. 중국 후단대학(復旦大學) 도서관은『주보』제16호를 소장하고
있다. 어떤 경로로 한 호의 지면이 중국에 건너갔는지 알 수 없다.
이에 관해서는 나의 책『고쳐 쓴 언론유사』(커뮤니케이션북스, 2004)
에 상세히 기술하였다.

그러고 보니 1983년 영인본에 수록되지 않은 『주보』가 완전한 것과 불완전한 상태로나마 보존되어 있는 호수가 9호(아단문고 5호, 박정규 3호, 후단대학 1호)였다. 그동안 존재가 알려지지 않았던 지면 9호가 새로 나타났으니 이를 널리 공개하여 많은 사람들이 이용할 수 있도록 해야겠다고 생각했다. 1983년에 내가 발간업무를 맡았던 『한성순보』와 『주보』의 영인본을 보완한다는 개인적인 의미도 있었다. 영인본을 만들지 않고 그대로 두면 새로 나온 지면은 아단문고와 개인 소장 상태로 빛을 보기 어려운 운명에 처할 수도 있었다. 나는 관훈클럽에 이 사실을 알리고, 새로 나온 지면을 추가로 영인하자고 건의했다. 관훈클럽신영연구기금 이사회는 이를 흔쾌히 받아들여 사업을 진행을 허락하였다. 이리하여 영인본 보유편을 발행하게 되었다.

잡지사 문학사 근대사 연구의 광맥

백순재가 수집한 잡지 가운데 일제 강점기에 발행된 언론 전문잡지도 『한성주보』 보유편과 함께 관훈클럽에서 영인하기로 되었다. 관훈클럽신영연구기금은 1992년 9월에 「언론 전문지 총서」를 발행한 바가 있었다. 기금이 영인 출간한 언론 전문지는 일제 치하의 『철필』(4호 : 1930~1931), 『호외』(1호 : 1933.12), 『쩌날리즘』(1호 : 1935.6), 세 잡지와 광복 직후에 창간되어 6 · 25전쟁 전까지 발행된『신문평론』(4호 : 1947~1949), 1950년대에 관훈클럽이 프린트판으로 발행한『회지』(2호 : 1957~1959)를 포함한 5종이었다. 일제치하에 발행된 잡지 3종과 광복 이후의 잡지 2종을 영인하여 3권의 책으로 묶은 영인본을 출간한 것이다.

영인본을 발행하던 때까지는 실물의 존재를 알지 못했던『신문춘추』(1928.9),『평론』(1936.1), 그리고『신문평론』(1947.4 창간) 통권 5호와 6호가 아단문고에 소장되어 있었으므로 이를 묶어 1992년에 영인한 '언론전문지 총서'의 보유편으로 발간하였다.

백순재는 한국사, 언론사, 문학사 등 한국학을 연구하는 학자들에게는 더없이 귀중한 존재였다. 연구에 꼭 필요한 자료를 아무리 수소문해도 구할 수 없을 때 그에게 연락하면 손쉽게 얻어올 수 있었기 때문이다. 장서가들은 보통 자신이 소장한 자료를 남에게 잘 보여주지 않는 습성이 있다. 애써 구한 책이 남의 손에 들어가면 되돌려 받기 힘들고 살짝 복사해서 '도용'하는 얌체학자들도 많기 때문이다. 그러나 백순재는 원하는 연구자들에게 자료를 많이 공개했다. 도움을 받은 학자들은 조기준(고대 · 경제사), 이광린(서강대 · 국사학), 신용하(서울대 · 사회학), 김윤식(서울대 · 국문학), 김병철(중앙대 · 영문학), 김영호(경북대 · 경제사) 교수 등이었다.

그의 책 수집벽은 거의 광적이었다. 7, 8년을 끌어온 지병(위암)에 14차례에 걸친 대수술을 받으면서도 주말이면 허약한 몸을 끌고 서울시내와 전국 고서점을 샅샅이 뒤졌을 정도였다. 백병원에 입원 중에도 안춘근 · 박영돈 등으로부터 좋은 책이 있다는 정보를 들으면 부인을 시켜서라도 꼭 입수했다. 박봉을 털어 책을 수집해온 그에게 부인이 운영하는 당구장(왕십리동 소재)이 유일한 수입원이었다.

아단문고는 백순재 잡지 가운데 일본 유학생들이 발행한 잡지를 다음과 같이 영인하여 발행하였다. 발행은 소명출판이 맡았다.

공수학보(1907~1908)

낙동친목회회보(1907~1908)

동인학보(1907)*

학계보(1912)*

근대사조(1916)*

여자계(1918)*

학지광(1914~1930)

현대(1920~1921)

청량(1926~1941)

학조(1926)*

회보(1938~1940)

회지(1939)*   (* 표는 1호만 남은 잡지)

한국잡지사의 산 증인으로 통했던 최덕교(崔德敎)가 3권으로 출간한 『한국잡지백년』(현암사, 2004)도 백순재 수집 장서인 아단문고를 가장 많이 활용했다(최덕교에 관해서는 제7장 참고).

백순재가 수집한 잡지와 자료는 이처럼 사후에도 소중하게 활용되고 있다. 앞으로도 그가 수집한 자료는 영원히 국가적인 문화유산으로 남아 많은 연구자들에게 도움을 줄 것이다. 아단문고는 2014년 가을에『문자와 상상』이라는 반년간 문화교양지를 창간했다. 이 잡지에는 백순재가 수집한『매일신보』한글판 일부와 국보 제202호『대광불화엄경(大廣佛華嚴經)』이 소개되어 있다.

오한근
국내 유일 공인된 '신문수집가'

멸실 위기의 신문 600여 종 수집

일소(一笑) 오한근(吳漢根, 1908.9.8~1974.10.22) 선생이 연세대 부속병원에서 고혈압으로[1] 별세했을 때에 주요 신문은 그를 '신문수집가'라는 특이한 직명으로 보도했다. 그는 언론인이나 학자가 아닌, 그저 한 사람 수집가였지만 현대사의 귀중한 자료를 수집하여 언론계와 신문학(新聞學) 연구를 위해 큰 공적을 남겼다. 신문이 보도했던 대로 오한근은 국내 '유일의 신문 수집가'로 공인된 인물이다. 날이 갈수록 세상은 분업화 되어 각 분야에 온갖 전문가가 다 생기고 있지만, '신문 수집가'라는 명칭을 붙여서 어울릴 사람은 오한근 이전에도 없었고 장차도 없을 것이다. 1965년에 대한

---

1 사망 원인을 『동아일보』와 『조선일보』는 '고혈압'으로 보도했는데 이튿날 『동아일보』는 '저혈압'으로 바꾸었다.

출판문화협회가 오한근을 모범장서가로 선정하여 표창할 때에도 이런 표현을 썼다.[2]

특히 우리 한국의 신문 70년 사료를 수집, 보관하고 있는 한국 유일한 신문 수집가로서, 또한 그의 신문학계에 공헌한 자료 대여정신에는 탄복하고 남음이 있다.

그가 평생 부지런히 수집한 신문은 600종 가까운 숫자였다. 멸실 위기에 처했던 수집품 가운데는 한말부터 발행된 신문의 창간호, 폐간호, 일제 총독부가 검열했던 신문 등 귀중한 지면이 많았다. 신문을 수집한 사람은 오한근 외에도 더러 있지만, 규모와 전문성에서 그를 따를 사람은 아무도 없었다. 잡지를 전문으로 수집한 백순재와 대조적으로 오한근의 전문분야는 신문이었다. 두 사람은 잡지와 신문 수집에 쌍벽을 이루었다.

오한근은 경기도 용인군 원삼면 고당리 111번지에서 태어났다. 한의원을 경영했던 아버지 밑에서 백암보통학교를 나오고 서당에서 글을 읽다가 목사가 되기 위해 피어선고등성경학원에서 공부했다. 오랜 기독교 신자로 왕십리 중앙교회의 시무장로를 맡기도 했다. 1933년에는 시인 김동환의 『삼천리』사에 입사하여 교정을 보았고, 소설가 김동인이 경영했던 『야담』사에도 잠시 근무

---

2 하동호, 「일소옹 신문수습 유기(遺記)」, 『출판학』 14, 1972.12. 재인용 : 같은 필자의 『근대서지 고습집(攷拾潗)』, 탑출판사, 1987, 65~87쪽에도 수록되어 있다.

하였으며 일제 말기부터 기독교서회에서 일했다.

1942년에는 관훈동에서 태창당서점을 경영하면서 고서를 전문으로 취급하였다. 이 무렵에 모은 전적 가운데는 유일본으로 평가받는 자료도 적지 않았다.[3] 『불설아미타경(佛說阿彌陀經)』(조선국刊經都監板, 天順 8년(1464년, 세조 10년)), 야담식으로 엮은 극 설화집 『청파극담(靑坡劇談)』이 그런 자료였다. 『춘향전』도 십 수종을 가지고 있었는데 세상에 알려지지 않은 이본(異本), 필사본이 몇 종 있었다.

고서점 경영하면서 신문 수집

광복 후에는 국학의 고전 자료가 긴급히 요청될 때에 개화기의 이인직, 이해조 등의 신소설 원본 『혈의 누』, 『은세계』, 『자유종』 등을 학계에 제공하였다. 한말과 일제 강점기에 발행된 잡지의 창간호를 거의 소장했다가 그 방면의 연구자에게 제공한 일도 있었다.[4]

1948년에는 조선진서간행회를 설립하여 『춘향전』(목판본)과 『청구영언』을 한정본으로 발행했고, 1950년 6월에는 『신자원(新字源)』(사서출판사)을 편찬했다. 1960년 이후에는 성서공회에서 인

---

3 위의 글.
4 위의 글.

쇄-제책 업무를 맡아 근무했다. 1933년 삼천리사에 입사한 이래 책의 편집과 교정, 출판사와 서점의 경영, 사전 편찬과 같은 일을 하면서 책과 신문의 수집을 병행했다.[5]

이러는 사이에 그의 본업은 신문 수집 쪽으로 바뀌었다. 관훈동에서 고서점을 경영하면서 신문을 모으기 시작했다. 헌 책갈피 속에 끼어 있던 신문, 책을 싼 옛 신문 따위를 발견하면 신기하고 대견해서 깨끗이 펴서 보관했다. 광복이 될 때까지 모은 신문이 적지 않은 분량에 이르렀다. 오한근이 신문을 수집하기 시작한 시기가 정확히 언제였는지 알 수 없지만 1965년 7월 14일 자『경향신문』은 "지난 40년 동안 온갖 방법으로 모은 신문은 무려 400여 종"이라고 보도하였고, 10년 후인 1974년에 사망을 알리는 기사도 40년간 신문을 수집하였다고 쓴 것을 보면 1945년 광복 이전부터였던 것은 확실하다.

본격적으로 신문을 수집하기 시작한 시기는 광복 후부터였다. 숨었던 책들이 고서점에도 쏟아져 나왔고, 그중에는 헌 신문도 있었다. 총독부가 검열하던 신문 지면도 이때 입수한 것이다. 오한근이 소장했던 총독부 경무국의『동아일보』검열 지면으로는 1932년에 압수된 6건이 계훈모의『한국언론연표』I에 수록되어 있다.[6]

---

5 이상 오한근의 경력은 다음 글을 참고했다. 여승구,「일소 오한근 장서에 대하여」,『고서연구'86』, 한국고서동우회, 1986, 203쪽. 여승구는 오한근의 친필 이력서에서 약력을 기술한 것으로 보인다.『동아일보』,「30년 동안 수집한 오한근 씨 유일본과 진귀서」(1962.6.18)에도 비슷한 내용의 약력이 소개되었다.

6 계훈모,『한국언론연표』I, 1932 참고.

그가 수집한 신문이 몇 종이나 되는지 정확한 숫자를 알기는 어렵다. 수집품 가운데는 일제 치하 검열 받은 신문,『동아일보』『조선일보』의 폐간호, 광복 이후에 우후죽순처럼 나타났던 좌우익을 망라한 다양한 신문들과 4·19 이후에 쏟아져 나온 각종 신문들이 포함되어 있었다. 각 단체의 회보, 학교에서 발행된 교지까지 모든 정기간행물이 그의 수집 대상이었다.

『동아일보』는 오한근이 신문수집에 헌신하여『동아일보』를 창간호부터 소장하는 등 우리나라 신문사 연구가들에게 큰 도움을 주었다는 사망기사를 내보낸 다음날에는「신문수집에 바친 일생 / 사료편찬의 숨은 공로자 고 오한근 씨」라는 7단 내리다지 박스기사로 그의 공로를 소개했다.(『동아일보』, 1974.10.24)『동아일보』와『조선일보』가 사회면에 사망기사를 실을 정도로 그는 신문수집가로서 독보적인 위치에 올랐던 것이다.

오한근이 많은 신문을 수집한 사람이라는 사실은 그의 생전에도 여러 차례 소개된 적이 있었다.『동아일보』는 1962년 6월 18일자에「유일본과 진귀서 / 30년 동안 수집한 오한근 씨」라는 기사와 함께 그의 상반신 사진을 크게 실었다.『경향신문』도 1963년 2월 20일 문화면에「한국 신문사의 보전(寶典) 간직 / 숨은 신문수집가 오한근 씨의 꾸준한 노력」이라는 제목으로 지면의 3분의 2에 걸친 기사로 소개했다.

「한국신문사의
보전(寶典) 간직」.
오한근의 신문수집을
보도한 『경향신문』,
1963.2.20.

서대문구 아현동
오한근 선생
자택에서.

평범한 수집광의 어눌한 말투

내가 오한근을 처음 만난 때는 1966년이었다. 나는『기자협회보』편집간사로 재직 중이었는데, 그는 매월 한 번씩 발행되는 협회보를 수집하기 위해 신문회관에 들르곤 했다. 신문은 한 부가 아니라 늘 2부, 또는 3부씩을 달라고 해서 이상한 사람이라고 생각했다. 품속에 보물처럼 지니고 다니는 낡은 수첩에는 자신이 수집했거나 아직 찾지 못해서 빠진 신문의 호수(號數)와 발행날짜가 적혀 있었다. 내용물이 삐져나오지 못하도록 고무줄로 동여맨 수첩이었다. 주머니 속에 넣어 가지고 다니면서 자신만이 알 수 있는 무슨 표시를 하는 동안에 겉은 망가지고 해진 낡은 물건이었는데 메모 쪽지를 수첩 안쪽에 끼어 넣기도 해서 배가 불룩하게 나온 이상한 형태가 되어 있었다.

그는 혼자서 우리의 귀중한 문화유산이자 현대사의 1차 자료인 신문을 수집 보관하여 '신문박물관'을 지켜 왔다. 서울 서대문구 북아현동 언덕배기를 올라가야 하는 산 32의 62번지에 있는 한옥의 좁은 다락에는 신문과 고서들이 가득 차 있었다. 오한근은 언론사 연구는 물론이고 우리의 현대사에 필요한 귀중한 자료를 보존하고 소생시키는 업적을 남겼는데도 자료를 수집하고 다니던 때에는 제대로 대우해 주는 사람이 거의 없었다. 그는 구박을 받아가며 신문 수집에 심혈을 기울였다. 작달막한 키에 약간 뒤뚱거리는 걸음걸이, 옷 입은 겉모습과 더듬거리는 말투만 보아서는

연세대 도서관에서 신문 자료를 열람하던 때. 오한근(왼쪽)과 정진석. 1973년 무렵.

어느 동네의 골목에서나 만남직한 평범하고 볼품없는 노인이었다. 한말 이후에 이 땅에 나타났던 옛날 신문을 전문적으로 수집하고 정리하는 인물이라는 인상은 전혀 찾을 수 없었다. 그는 발음이 너무도 어눌하여 처음 만난 사람은 알아듣기가 매우 힘들었으나 나는 여러 번 만나는 동안에 말뜻을 터득하기에 이르렀다.

　그가 어떤 인물인지 알게 된 이후 나는 될 수 있는 대로 친절하게 편의를 보아주었다. 그가 찾는 신문을 성의껏 제공했고, 도서관에 같이 가서 옛날 신문을 함께 열람한 적도 있었다. 때로는 프레스센터 뒤에 있는 설렁탕 집 '미성옥'에 가서 점심을 대접하였다. 그때마다 그는 진심으로 고마워하였다. 그와 함께 연세대학교 도서관에 가서 배재학당 학생회가 발행했던 주간 신문『협성회회보』와 이 신문이 발전한 우리나라 최초의 일간지 『매일신문』을 처음으로 열람하였고, 그 후에 나는 이 신문을 신문연구소에서 영인(影印)하는 실무를 맡았다.

우리는 도서관에 보관되어 있는 신문이 여러 사람의 손에 시달려 하루하루 마손(磨損)되는 모습을 안타깝게 여겼다. 자료를 아끼는 사람들의 공통된 느낌이었다. 오한근 선생이 세상을 떠난 후 어느 잡지에 쓴 글에서 나는 다음과 같이 그를 묘사했다.

세상에는 남이 이루어놓은 업적을 딛고 서서 이름을 날리는 사람이 있는가 하면, 반대로 남을 위해서 그늘에 파묻혀 일생을 살다 가는 사람도 많다. 유명하거나 위대한 사람들은 대개 남을 위해 큰일을 하고 간 사람들이지만 내 주위의 사람 가운데 이름 없이 큰일을 이루고 간 분을 꼽자면 오한근 씨를 제일 먼저 생각하게 된다.

오한근은 나를 만나면 어느 사람이 쓴 어떤 책의 어느 부분은 잘못되어 있다는 이야기를 열심히 했다. 처음에는 그의 말을 알아듣기가 매우 어려웠다. 말을 더듬고 발음이 매우 어눌하였기 때문이었다. 그가 자료를 수집하러 다니는 동안 신문사나 도서관에서는 때로는 구박과 설움을 받으면서도 죽을 때까지 신문 수집을 계속했다.

젊은 시절부터 잡지, 단행본 등 책의 편집, 교정 등을 직업으로 삼으면서 자신이 직접 출간한 고전이 있는 것을 보면 당시의 오한

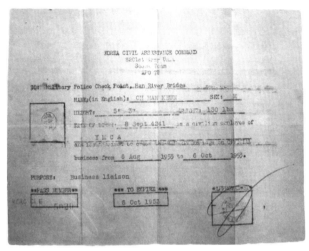

6 · 25전쟁 당시 미군이 발급한 도강증. 오한근의 체격이 기록되어 있다.

근은 내가 만나던 1960년대와는 다른 모습이었던 것 같다. 6 · 25
전쟁 때에 개인적으로 어려움을 겪은 어떤 사건 이후에 말을 더듬
게 되었다는 말을 누구에겐가 들었던 기억이 있다. 오한근에 관
한 글을 나는 두 번 썼다. 월간 『독서생활』(1977.1)의 「신문수집가
오한근」, 『한국경제신문』(1984.4.27)의 「잊을 수 없는 사람들, 두 신
문 · 잡지 수집가」라는 글이었다.

오한근의 외모에 관해서 정확하게 기록된 문건이 2012년 8월
에 발견된 적이 있었다. 1952년과 1953년에 미군이 발급한 한강
도강증으로 KBS의 〈진품명품〉 프로그램에 어떤 소장자가 출품한
자료였다. 〈진품명품〉 전문위원인 '시간여행' 김영준 사장이 내게
개인적으로 자문을 요청해서 자료를 접하게 되었다. 이 도강증에

는 오한근의 키가 5피트 3인치(약 160cm), 몸무게는 130파운드(약 59kg)로 나와 있다. 내가 만나던 오한근, 바로 그 인물과 같은 체격이었다. 도강증에는 오한근이 YMCA의 민간인 직원 신분인데 공적 업무로 한강을 건너게 되었다고 적혀 있다. 그는 68세에 이 세상을 떠나기 얼마 전까지 추운 겨울에도 냉수마찰을 거르지 않는다고 내게 말했다.[7] 그가 가진 소박한 소원은 개인 자료실을 하나 갖는 것이었지만 이루어지지 않았다.

오한근의 수집품 가운데는 『한성순보』, 『독립신문』, 『대한황성신문』, 『대한신보』, 『황성신문』, 『데국신문』, 『대한매일신보』와 같은 한말 초창기 신문들을 비롯하여, 일제의 강압으로 문을 닫아야했던 『동아일보』와 『조선일보』의 폐간호(1940.8.11)와 광복 후에 속간된 『조선일보』(1945.11.23), 『동아일보』(1945.12.1), 『경향신문』 창간호(1946.10.6) 같은 것도 있었다.[8] 광복 직후에 발행된 여러 신문들과 4·19 후 우후죽순처럼 쏟아져 나온 수많은 신문들은 만일 오한근이 수집하지 않았더라면 대부분 흔적도 없이 사라지는 운명에 놓이고 말았을 것이다. 일제 강점기의 신문 가운데는 총독부 경무국 도서과의 검열에 걸렸던 삭제본도 있었다. 신문과 함께 적지 않은 문화관계 서적을 모았다가 1·4후퇴 때에 모두 잃어버렸지만 요행히 신문만은 분실되지 않고 건질 수 있었다 한다.[9]

---

7 정진석, 「'신문수집가' 오한근 씨」, 『독서생활』, 1977.1, 43~44쪽.

8 「한국 신문사의 보전(寶典) 간직, 숨은 신문수집가 오한근 씨의 꾸준한 노력」, 『경향신문』, 1963.2.20.

9 「유일본과 진귀서 30년 동안 수집한 오한근 씨」, 『동아일보』, 1962.6.18.

2만 달러에 일본에 팔려갈 처지의 수집품

오한근은 수집한 신문을 양도할 의향을 1960년 대 초부터 여러 차례 비쳤다. 심혈을 기울여 수집한 자료였지만 가세의 빈곤과 보관할 공간도 없었기 때문에 매각처분하는 수밖에 없었다. 1960년대에는 미국과 유럽 쪽에서 한국학을 포함한 동양학 연구가 활기를 띠기 시작했는데, 이에 따라 연구를 위한 기록문서, 자료집, 그리고 각 분야의 고문헌 등이 외국으로 유출되는 상황이었다. 미국 국회도서관, 하버드대학, 워싱턴대학, 하와이 동서문화연구소 등이 귀중한 고서를 구입하여 국외로 반출하고 있었다.[10] 당시의 국력으로는 전적(典籍)의 유출을 막기에는 역부족인 시대였다. 이성의(李聖儀)라는 고서수집가는 고서점을 경영하면서 평생 모은 3천여 점의 희귀한 진본 고서를 소장했는데, 그가 사망하자 이를 콜롬비아대학이 매입하기로 교섭을 진행 중이라는 안타까운 사실이 알려지기도 했다.[11]

오한근은 자신의 수집품을 인수할 사람이 국내에 없다면 외국에라도 팔지 않을 수 없는 상황이라고 말했다. 일본 상인들이 그의 신문에 눈독을 들이고 있었다. 『경향신문』은 이렇게 보도했다.

옛 신문을 모으는 일로 평생을 살아온 오한근 옹(57)은 늘그막에

---

10 「고서에 뻗는 외국의 손길」, 『경향신문』, 1965.4.8.
11 「팔려나가는 문화재 보존 아쉬워」, 『경향신문』, 1966.8.22.

자꾸만 쪼들리는 가난을 이겨내지 못해 그 혈육처럼 아껴온 신문들을 팔려고 내놓았다. 면면히 30년 동안을 한결 같은 정성으로 모아놓은 이 신문들은 우리 백성의 마음을 담은 '역사의 숨소리' 들이다.[12]

오한근이 모은 신문의 가짓수는 무려 4백 수십 종이고, 매수로는 미처 헤아릴 수 없을 정도인데 "거의 70년의 신문사(新聞史)를 누벼오는 동안 우리나라에서 오 옹만큼 옛 신문을 모아둔 이는 없었다. 그는 혼자서 '신문의 박물관'을 지키고 있었던 셈이다"라고 『경향신문』은 그의 공적을 높이 평가했다.

오한근은 수집한 신문을 매각하기 위해 적극적으로 나섰다. 당시 가격으로 300만 원에 해당한다고 평가했다. 하지만 외국인이 사겠다면 2만 달러(당시 환율로 약 520만 원)를 받아야 한다고 말했다. 그는 대학의 신문연구소, 신문학과를 찾아다녔고, 여러 인사들도 만나보았지만 허사였다. 『동아일보』, 『조선일보』, 『경향신문』과 같은 주요 신문이 신문수집에 집념을 지닌 오한근이라 인물과 그의 수장품의 중요성을 알리는 기사를 실었다.

앞으로 아무도 모을 수 없을 정도로 귀한 신문을 내놓았다는 소문은 외국에까지 알려져서 흥정을 걸어오는 사람도 더러 있었다. 1965년 4월 재일 교포를 중개상으로 하여 일본의 한 상사(商事)에서 어떤 도서관과 교섭 중이니 부수와 내용을 상세히 알려 달

---

12 「가난한 세파에 떨어질 '신문박물관' / 70년의 우리 신문 모아두었건만 팔지 않을 수 없어」, 『경향신문』, 1963.9.19.

라는 편지가 왔다. 오한근은 2만 달러에 사겠다면 일본에 양도할 생각을 가지고 있다고 밝혔다. 그는 말했다. "외국에 나가는 것을 난 원하지 않는다. 나로서도 아깝고 괴로운 얘기다"라면서 될 수 있으면 국내에 남기를 바랐다.[13] 오한근의 신문은 그가 양도 의사를 밝힌 지 십 년이 지난 1972년에야 국회도서관이 인수하였다.

수집 신문의 종수

오한근이 수집한 신문은 우리의 언론상황이 어떠하였는가를 객관적인 숫자로 제시해 주는 자료였다. 시기에 따라 통계숫자가 달라졌지만 계훈모가 집계한 가장 확실한 통계에 의하면 585종에 달했다. 1972년 말 공주사대의 하동호(河東鎬) 교수는 오한근이 수집한 신문 297종을 다음과 같이 연도별로 구분하였다.

6·25전쟁 이후 1950년대에는 사회 경제적으로 새로운 신문이 나타나기 어려웠으며 자유당 시절에는 신문의 신규 발행을 허용하지 않았기 때문에 1950년에서 1959년까지 10년 사이에 수집된 창간호는 통틀어 16종에 지나지 않았다. 그러나 4·19가 일어난 1960년에는 무려 91종, 1961년 5·16이 일어나기 전까지의 기간에는 22종의 신문이 수집되어 오한근의 수집 품목 자체가 당시

---

13 「일본으로 팔려가나? 한국신문 70년 사료」,『경향신문』, 1965.7.14.

〈오한근 수집 신문 연도별〉

한 말	1910년 이전	18종
일제하	1945년 이전	22종
광복 후	1945년	38종
	1946년	30종
	1947년	33종
	1948년	23종
	1949년	4종
제1공화국	1950~1959년	16종
4·19 후	1960년	91종
	1961년	22종

언론의 부침(浮沈)을 한눈에 조감할 수 있게 한다.[14]

계훈모는 서울대학교 중앙도서관에서 오한근 수집 신문을 촬영하면서 '범례'를 기록해 두었다. 계훈모가 작성한 오한근 수집 신문 목록의 확실한 작성 날짜는 알 수 없지만 오한근이 신문을 국회에 양도하기 전이 확실하므로 1972년 이전, 1968년 무렵으로 짐작된다. 1968년 2월 이전까지 발행된 신문만 목록에 포함되어 있는 것이 이같은 추론을 뒷받침한다. 서울대 도서관은 오한근의 수집품을 인수하지 못할 형편이었으므로, 친분이 있었던 도서관 사서 계훈모가 신문을 마이크로필름으로 촬영하였던 것으로 짐작된다.

---

14 하동호, 「한국신문 90년의 자료 정리, 一笑 옹의 수집품을 중심으로」, 『기자협회보』, 1972.11.24. 하동호는 1972년 12월에 발간된 『출판학』 제14집에도 「일소옹(一笑翁) 신문 습유기(拾遺記)」를 발표하였고, 그의 책 『근대서지 고습집』(탑출판사, 1987)에도 수록하였다.

계훈모가 친필로 작성한 오한근 신문의 '범례'는 다음과 같다.

범 례

1. 이 신문은 수서가(蒐書家) 오한근 씨가 40여 성상에 걸쳐서 모은 것으로 서울대학교 도서관을 위하여 쾌히 촬영을 허락하여 주신 것이다.

2. 이 필름에 수록된 신문지는 총 585종에 달하며 창간호 · 개제호 · 폐간호 · 기타 등이다.

3. 목록은 수장자의 것을 사용한 바 발행 년월일 순이 어긋난 것도 약간 있으나 시간관계상 정정하지 못한 것도 있다.

4. 목록 좌측번호는 필름에 수록된 번호와 같다.

5. 『독립신문』(1896.4.7. 목록 1면)은 복사한 것이다.

6. 『한국일보』(1954.6.9. 목록 34면)는 확대한 것을 그대로 촬영하였다.

7. 이 필름은 발행 연과 분량을 참작하여 다음과 같이 분류 촬영하였다.
   1) 1883~1960   1~323
   2) 1961~1965   324~495
   3) 1966~1968.2   496~560
   4) 1953~1959   561~585

끝으로 오한근 씨를 소개한 주간예술 제4호(1966.7.16)를 수록하여 씨에 대한 감사로 代하고자 한다.

---

* 범례의 연도 다음에 기록된 숫자는 신문의 일련번호임.

오한근이 타계한 지 10년 후인 1984년에 한국출판판매주식회사 대표 여승구가 책 박물관 설립을 추진하면서 유족으로부터 오한근 수집품을 인수하였다. 중요한 신문은 생전에 국회도서관에 양도하였지만, 두벌 이상 가지고 있던 신문이 상당히 많이 남아 있었던 것으로 짐작되었는데 여승구가 인수한 신문은 243종으로 그 가운데 창간호가 95종이었다. 목록은 다음과 같다.

〈여승구 인수 오한근 수집 단행본 잡지 신문 목록〉

	단행본		잡지		신문		계	
	종	책	종	부	종	매수	종	건
조선조	345	388	4	9	–	–	349	397
일제시대	377	424	113	272	2	3	492	699
광복 후	550	627	469	4,121	241	14,017	1,260	18,765
계	1,272	1,439	586	4,402	243	14,020	2,101	19,861
비고	한적(漢籍) 148책		창간호 168종		창간호 95종		–	

오한근이 수집한 자료 가운데는 총독부 경무국 도서과에서 발행한『언문신문 차압기사 집록(諺文新聞差押記事輯錄)』이 있다. 이 자료는 총독부가 민간지 창간 후에 압수한 기사들을 모아 일어로 번역하여 1932년 6월에 3권의 책으로 엮어 비밀자료로 발행한 것이다. 총독부의 조사자료 제29집(『동아일보』), 제30집(『조선일보』), 제31집(『시대일보』-『중외일보』)이 그것이다. 비밀자료였으므로 그 존재가 알려지지 않았는데 오한근이『조선일보』의 압수자료집인 제30집을 발견 수집하였다.『동아일보』의 압수기사는 이규태(『조선일보』논설고문)가,『시대』-『중외일보』는 잡지연구가 김근수(중앙대학교 교수)가 각각 발견하였다. 1975년에 언론진흥재단의 전신인 한국신문연구소에서 편찬한 사료집『한국신문백년지(韓國新聞百年誌)』에 수록된 자료들의 대부분은 오한근이 수집하여 국회에 양도한 지면을 이용하였다.

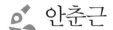
안춘근
출판학의 선구자, 서지학자, 도서수집가

저술인, 장서가, 출판인, 출판평론가

남애 안춘근(南涯 安春根, 1926.7.27~1993.1.22)은 근대 서지학(書誌學)의 개척자였다. 그는 저술인, 장서가, 출판인, 출판평론가로 활동하면서 출판학회를 창립하여 20년간 회장으로 활동했다. 고서동우회, 애서가산악회를 결성하여 회장을 맡아 출판관련 3관왕에 오른 인물이었다. 귀중한 고서를 발굴·수집하여 널리 공개하면서 이를 문화유산으로 자리매김하는 일에 매스컴을 활용하는 수완도 뛰어났다. 희귀 고서의 전시회를 주최하고, 고서의 경매·교환 행사를 처음 연 사람도 안춘근이었다.

안춘근은 1955년에 을유문화사에 입사하면서 출판인의 길을 걷기 시작했다. 그가 출판 이론가로 세상에 널리 알려진 계기는 1959년에 『저술의 상식』을 비롯하여 같은 해에 도서관련 저서

남애 안춘근(南涯 安春根, 1926.7.27~1993.1.22).

3권을 내놓을 때부터였다. 그 후 40여 권에 달하는 저서를 출간한 출판 전문 저술가였다. 대형 전집물이 경쟁적으로 출간되던 1950년대 후반부터 출판 기획실무와 이론가로도 두각을 나타냈다. 대중들에게 출판의 문화적 가치를 강조하고 출판계의 위상을 높이는 일에 앞장섰다. 책을 아끼고 사랑하는 애서가, 서지학 연구가, 출판 실무와 이론을 연구하는 동호인들이 안춘근을 중심으로 모였다.

안춘근은 3개 출판 관련 모임의 회장을 맡은 특이한 위상을 지니고 출판전문 학술지 『출판학』을 계간으로 발간하여 출판인들에게 논문 발표의 무대를 제공했다. '출판학회상'을 제정 시상하는 등의 사업도 주도했다. 신문 잡지에 출판의 중요성을 널리 알리는 글을 쓰는 한편으로 대학에서 출판학을 강의하고 출판학을 대학의 정규학과로 독립시켜야 한다는 주장을 펴기도 했다. 출판학 발전의 중심에 서 있었던 인물이 안춘근이었다. 그가 살던 시기의 출판, 서지, 출판평론, 출판학회 활동을 두루 살펴볼 필요가 있다.

책은 누구나 쓸 수 있다

안춘근은 1926년 7월 27일(음력) 강원도 고성군 외금강면 남애리에서 태어났다. 아호 남애(南涯)는 출생지의 지명을 그대로 따서 지었다. 고향이 북한이기 때문에 『언제 고향에 갈 수 있을까』(범우사, 1993)라는 수필집에 「우리들의 자랑 금강산」과 같은 글이 실려 있다.

안춘근은 1941년에 장전남공립국민학교를 졸업한 후 서울로 올라와 선린상업학교 전수과에 입학하여 공부하던 중에 8·15를 맞아 중퇴하고 경기공립사범학교 속성과로 옮겨 이듬해 9월에 수료하면서 서울의 어느 초등학교 훈도(교사)로 취임했다. 나이 20살이었다.

1948년 9월에는 성균관대학교 정치학과에 입학하였으나 2년 뒤에 6·25전쟁이 터지자 학업을 중단하고 1951년 10월에 육군 통역장교 중위로 임관되었다. 군 복무 중인 1954년 9월에는 육군 교육총본부의 『육군교육연감』 편찬 작업에 참여했다. 출판 업무에 처음 관계를 맺은 것이다. 1년 후인 1955년 10월에 제대하면서 곧바로 을유문화사에 입사했다. 제대 당시의 계급은 대위였고, 군 복무 중에 은성화랑무공훈장(1953.6)과 육군 제1군단장 공로표창 (1954.10)을 받았다.

군대에 있을 때부터 안춘근은 신문과 잡지에 기고를 했다. "군에 있을 때 얼마 동안 출판과 관계있는 일을 하는 한편 여러 번 신문·잡지에 투고한 것이 인연이 되어 신문사에서 일하기로 했다"

고 말했는데,[1] 『육군교육연감』의 편찬 작업에 참여하는 동안에 필력을 인정받았다. 군 복무 중에 쓴 글로는 1955년 5월 11일 자 『평화신문』에 기고한 「잡문가 지원」이 있다.[2]

을유문화사에 재직 중이었던 1956년 9월에 군 복무로 중단하였던 성균관대학교를 8년 만에 졸업하고, 1958년 3월에는 서울신문학원 신문과를 수료했다. 서울신문학원은 1947년에 곽복산(郭福山)이 창립한 언론인 양성기관으로 수료생은 언론사 현장 실습과정을 거쳐 대부분 기자로 채용되었다.[3] 언론학이 대학 정규 학과로 개설된 곳은 홍익대학이 유일했던 무렵이었고, 아직 수습기자 제도가 제대로 정착하기 전이었다.

안춘근은 자신의 학문에 관해서 이렇게 말했다.

원래 상업학교를 거쳐 사범학교를 나와 교편을 잡다가 대학에서는 법(法)·경(經)·정(政)을 두루 배웠기 때문에 한 가지 전공에는 철저하지 못했던 나로서는 어차피 백과사전과 같은 광범한 지식을 요하는 신문이나 출판저널리즘에 관계하는 것이 안성맞춤이라는 생각이었다. 출판은 저널리즘에 속해도 아카데미즘에 가까운데 특색이 있다.[4]

---

1 안춘근, 「나와 직업」, 『언제 고향에 갈 수 있을까』, 범우사, 1993, 229쪽.
2 안춘근은 군대에 있을 때부터 신문 잡지에 잡문을 기고했다는 사실을 『저술의 상식』에서 밝히고 있다. 27·30쪽.
3 정진석, 「기자양성의 요람 조선신문학원과 곽복산」, 『언론과 한국현대사』, 커뮤니케이션북스, 2001, 471~538쪽.
4 안춘근, 「나와 직업」, 『언제 고향에 갈 수 있을까』, 범우사, 1993, 229쪽.

안춘근은 을유문화사에 재직하면서 신문학원을 수료하자 곧 신문학원에서 출판학을 강의했다. 출판사에 근무하면서 야간에는 신문학원 강의를 맡은 상황에서 책을 쓰는 작업을 동시에 수행하여 1959년에는 출판에 관한 책 3권을 출간했다. 첫 저서『양서의 세계』(아카데미사)는 3월에 출간되었고, 10월에는『독서의 지식』(신양

『저술의 상식』. 1959 출간.

사)과『저술의 상식』(태서문화사)을 거의 동시에 내놓았다. 대단히 빠른 속필이자 저술의 요령을 통달한 편집자의 소질을 나타낸 것이다. 그는 이렇게 말했다.

책은 누구나 쓸 수 있다! 문필가나 대가들께서는 실없는 소리라고 꾸지람을 할지도 모른다. 그러나 나는 이것을 확신한다. 이는 내가 우연한 기회에 소위 저술에 손대기 시작해서 처음 좋은 책이란 어떤 것이며, 그것을 어떻게 알아차릴 수 있는가 하는『양서의 세계』, 다음으로 그것을 어떻게 알아차릴 수 있는가 하는 일련의 체계를 세운『독서의 지식』, 그리고 이번에 또 이 책을 쓰는 한편, 출판사에서 맡아 일 해온 경험을 통해서 책은 일부 문필가나 학자들만이 쓸 수 있

는 것이 아니고, 누구나 조금만 노력하면 책을 쓸 수 있다는 신념을 가지게 되었다.

안춘근은 세계적으로 문제가 되는 많은 논픽션 부문의 교양서는 거의 대부분이 문필가가 아닌 사람들이 자기의 체험이나 직업에서 얻은 내용을 담은 계몽적인 책이었다면서 책을 쓰고 싶으나 어떤 경로를 밟아서 어떻게 쓰면 좋을지 모르기 때문에 뜻은 있어도 실천하지 못하는 사람들을 위해서 그 길잡이가 되기를 바라서 쓴 것이라고 밝혔다. 『저술의 상식』은 『책은 누구나 쓸 수 있다』로 제목을 바꾸어 1969년에 정음사에서 개정판을 발행했다.

출판 황금기의 을유문화사

1950년대 후반에서 1960년대에 걸치는 기간은 출판계의 황금기였다. 대형 출판물이 쏟아져 나오면서 출판이 문화산업으로 기반을 다지던 시기였다. 안춘근은 출판 실무를 담당하는 출판인의 위치에서 양서, 독서, 저술 관련 책들을 출간했다. 출판 관련 계몽서 성격이면서 사회적으로 많은 관심을 끌 수 있는 주제를 택한 것이다.

출판평론, 저술, 도서수집에 있어서도 안춘근은 유리한 입장이었다. 그가 몸담았던 을유문화사는 1950년대와 1960년대에 학술서, 사전류, 문학 서적을 망라하여 무게 있는 책들을 가장 많이 출판했다. 학술과 문예를 포괄하는 출판문화의 큰 봉우리와 같은 존재였다. 사장 정진숙(鄭鎭肅)은 '출판계의 대부'로 불리는 인물이었다. 1945년 12월에 을유문화사를 창립하여 출판계를 대표하는 여러 직책을 맡고 있었다. 중요한 직책 가운데는 사단법인 대한출판문화협회 상무이사(1955.11), 한국검인정교과서 사장(1956.8), 사단법인 한국출판문화협회 회장(1963, 1965~1973, 1979), 사단법인 한국출판금고 이사장(1972.2)을 역임했다.

을유문화사는 민족문화 창달의 기치를 걸고 대형 출판물들을 출간했다. 우리말 『큰사전』(1947.10~1957.10) 여섯 권을 10년에 걸쳐 완간했고, 안춘근이 입사한 후에 기획과 출간이 시작된 『한국사』(1959.6~1965.9, 전7권)와 『세계문학전집』(1959.8~1965.11, 전60권), 『한국신작문학전집』(1962.9~1963.4, 전10권), 『세계사상교양전집』(1963.6~1975.2, 전39권), 『한국중편문학전집』(1974, 전12권, 작가 104명 수록) 등을 간행하였다. 을유문화사는 이밖에도 많은 전집과 국학 관련 단행본을 출간하고 있었다.

『세계문학전집』은 1959년에 을유문화사만이 아니라 정음사(전50권)와 동아출판사(전20권)가 동시에 기획하여 3파전이 벌어지면서 외국문학을 한국에 본격적으로 이식하는 계기가 되었다. 그 가운데도 을유문화사의 세계문학전집은 충실한 기획과 완벽한 번역을 통해서 타사와의 경쟁에 앞서고 상업적으로도 성공을 거두었다. 비슷한 시기에 학원사 사장 김익달은 국내 초유의 대백과사전 편찬을 계획하여 월간 『학원』 편집장이었던 최덕교를 책임 자로 하여 1958년 9월 15일에는 백과사전 제1권을 출간하였고 1 년 후인 1959년 5월에는 전6권을 완간하여 국내 최초이자 세계에 서 아홉 번째로 백과사전을 출판한 나라가 되었다. 1950년대 말 에서 1960년대로 넘어오는 기간에 출판계가 일찍이 볼 수 없었던 활발한 경쟁을 벌이면서 기업화된 10여 개 출판사가 의욕적인 투 자를 단행하여 전집류와 문고본 여러 종류가 동시에 나타났다.[5]

안춘근은 이처럼 출판계가 활기를 띠던 무렵인 1955년 10월 을유문화사에 입사하여, 1957년 11월에는 편집과장, 1960년 6월 기획조사과장을 거쳐 1974년 1월에는 주간으로 승진하면서 을유 문화사의 대형 전집물을 비롯한 문학, 학술, 교양서적 등의 출판 을 추진했다. 60권의 문학전집을 기획하고 번역 필자를 선정하여 원고를 편집 · 제작하면서 출간하는 과정은 전문성을 요하는 복 잡한 작업이다. 기획과 편집을 담당하는 책임자는 필자의 발굴을 위해 여러 전문가를 접촉하여 좋은 원고를 얻어야 하고 책의 제작 에도 주의를 기울여야 한다. 편집자 개인 입장에서는 다양한 분야 의 전문가 또는 저자와 인맥을 형성할 기회를 갖는 소득도 있다.

---

5 『대한출판문화협회 30년사』, 대한출판문화협회, 1977, 369~370쪽.

을유문화사의 권력 창구

책을 내고자 하는 필자들의 입장에서는 어떻게든 만나고 싶은
인물이 을유문화사 편집장 안춘근이었다. 김병철 교수(1921.12.29~
2007.9.14, 중앙대 영문학, 후에 대학원장)는 처음 안춘근을 만났던 때를
이렇게 회상했다.

그가 그 유명한 을유문화사의 기획부장이라는 말만 들었지 만난
적은 없었다. 물론 그를 알아야겠다는 생각은 굴뚝같았지만 그렇다
고 해서 찾아가서 인사를 청할 수도 없고, 또 들리는 말에 여간 사람
이 패러워서 접근하기가 어렵다는 말도 있어서 벙어리 냉가슴 앓듯
꾹 참고만 있었다.[6]

그런데 을유문화사가 발행하는 계간잡지 『지성』의 원고 청탁
을 받아 원고를 들고 가서 처음 만난 안춘근의 인상은 몹시도 쌀
쌀맞고 냉랭했다.

나중에 알고 보니 안춘근 씨의 콧날이 이렇게 센 것은 뻔한 일이
다. 안춘근 씨의 을유문화사에서의 위치야말로 을유문화사의 창구
의 역할을 하고 있어 을유문화사에서 책을 내려면 이 창구를 거쳐야
만 하고 그 창구를 두드린 사람들이 우리나라의 석학들이라고 할 때

---

6 김병철, 「남애 안춘근 형」, 『남애 안춘근 선생 화갑기념논문집』, 범우사, 1986, 20~33쪽.

나같은 풋내기 햇병아리에게 안춘근 씨가 그렇게 쌀쌀하게 대할 수 있었다는 것은 알고도 남을만한 일이다.[7]

안춘근은 김병철보다 다섯 살 연하였는데 첫 만남은 안춘근의 냉랭한 태도 때문에 이처럼 좋지 않은 인상을 받았지만, 후에 김병철은 을유에서 여러 권의 책을 출간하고 안춘근과 아주 막역한 사이로 발전했다. 처음 만나던 때와는 달리 안춘근은 김병철에게 귀한 자료를 제공하고 다른 사람에는 출입을 허락하지 않는 그의 상도동 자택 서고(書庫)에도 드나들게 할 정도로 가까워졌다. 김병철도 안춘근이 필요로 하는 책을 발견하면 구해 주었다.[8]

세계문학전집을 출판하던 1950년대 후반 무렵의 원고료는 200자 원고지 1장 당 당시 돈으로 300환이었다. 외국 작품 장편은 대개 3,000여 매가 넘게 되어 한 권을 번역하면 100만 환이 되었고 웬만한 집 한 채를 살 수 있는 거액이었다.[9] 필자로 선정되어 을유문화사에서 책을 내면 명성을 얻는 동시에 목돈을 만질 수 있는 수입원을 확보하는 기회였다. 반면에 편집 기획부장 안춘근의 입장에서는 냉철한 판단력으로 믿을 수 있는 필자를 선택해야 하는 어려움이 있었다. 그것은 막강한 권력이었다.

7 위의 글.
8 안춘근, 「일년의 수서」, 『책과 그리운 사람들』, 범우사, 1998, 120쪽; 「나와 김병철 선생」, 같은 책, 58~75쪽.
9 안춘근, 「남애영도기(南涯聆睹記)」, 『출판학』 13집, 1972.9, 47~48쪽; 『남애영도기』, 성진문화사, 1974, 13~14쪽.

안춘근은 대형 출판사의 편집장으로 근무하면서 책을 만드는 위치에서 희귀한 책을 모을 수 있는 유리한 입장이었다. 도서 수집을 시작한지 10여 년이 되었던 1965년 무렵에 모은 장서는 3천여 권이었다.[10] 초기에는 특히 한말 교과서에 관심을 두고 책을 모았다. 이리하여 국내에서 교과서를 가장 많이 모은 사람으로 자부할 정도가 되었다.[11] 안춘근이 수집한 교과서는 「남애문고 장서목록」(『고서연구'86』, 39~43쪽)에 상세한 목록이 수록되어 있다.

안춘근은 책에 대한 전문적인 안목과 부지런함, 도서의 소재를 파악할 수 있는 넓은 정보력, 동호인들을 결집할 수 있는 인맥과 응집력 등을 복합적으로 갖춘 상태에서 많은 책을 모을 수 있었다. 당시는 고서에 대한 인식이 오늘에 비해서는 부족하였고, 서울을 비롯한 지방에 많은 고서점이 산재하고 있던 시절이었다.

을유문화사 발행 출판 전문지

안춘근의 사내 직책이 기획조사과장(부장)으로 바뀌었던 무렵인 1960년 4월에 을유문화사는 『도서』라는 출판 전문지를 발행하였다. 『도서』는 원래 을유문화사가 창간한 잡지는 아니었으나

---

10 안춘근, 「수서식록(蒐書識錄), 도서학을 위하여」, 『생각하는 인형』, 정음사, 1965, 120쪽.
11 안춘근, 「인간 최영해 사장」, 『책과 그리운 사람들』, 범우사, 1998, 47쪽.

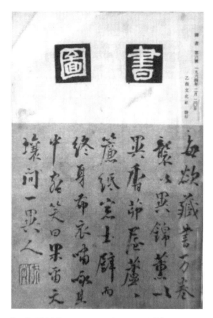

『도서』제6호(12.5×18.5cm), 1964. 2 발행.

2호부터 경영권을 인수하여 1966년 4월까지 통권 10호를 발간하고 나서는 발행 간격이 많이 떨어져 1970년 6월의 통권 12호 발행을 마지막으로 중단하였다.[12] B6판 소형 아담한 체재의 전문지였지만 고서 관련 연구 성과와 출판학 및 서지학의 기틀을 마련하는 내용으로 편집되었다는 평가를 받는다.[13] 안춘근은 『도서』에 거의 매호 글을 실었는데 그 가운데 「현대 한국출판문화사략」을 1963년 2월에 발행된 통권 6호부터 5회 연재하였다.[14]

을유문화사는 1962년 5월 10일에 사보 성격의 『을유(乙酉) 저어널』을 창간하여 1970년 3월 20일까지 9년 동안 지령 43호를 발행했다. 『을유 저어널』은 안춘근이 선도했던 도서출판학 내지 서지학의 시발점이라 할 수 있다. 출판사가 독자에게 보내는 통신의

---

12 『을유문화사 50년사』, 을유문화사, 1997, 195~196쪽.
13 『출판인 정진숙』, 대한출판문화협회, 1983, 205~206쪽.
14 안춘근은 이 논문 별쇄본을 모아두었다가 연재가 끝난 뒤에 책자로 제본하여 내게도 한 부를 주어서 소중히 보관하고 있다.

일종이면서 신간을 선전하고 출판계의 동향을 알리는 매체였다. 그러나 단순한 선전물에 그치지 않고 서지적(書誌的) 효용성을 지니고 있었다.[15] 이 무렵 안춘근은 동인지『문장가』발간에도 참여했다. 이 동인지는 1964년 4월 창간되어 연 2회 발간으로 1966년 6월 6호까지 발간되었는데 안춘근은 매호 고서와 출판 관련 글을 실었다.

안춘근이 주도했던 가장 뚜렷한 업적은 한국출판학회의 창립과 학술지『출판학』발행사업이었다. 출판학회는 1969년 3월 17일에 결성된 한국출판연구회라는 이름의 동인 모임에서 출발했다. "출판을 역사적 또는 현상적인 면에서, 출판 각 분야에 걸쳐서 검토 · 연구하여 과학화함으로써 출판문화 향상에 기여한다"는 목적이었다. 매월 첫째 주 목요일에 월례 연구회를 갖고 연구지도 내기로 하였다. 창립 동인 7명 가운데 3명이 을유문화사 근무였고 중심인물은 안춘근이었다.

안춘근(을유문화사)　　　민병덕(현암사)　　　박일준(을유문화사)
양문길(현암사)　　　　　이중한(월간『세대』) 한태석(을유문화사)
허영환(『한국일보』)

15 『출판인 정진숙』, 대한출판문화협회, 1983, 207쪽;『을유문화사 50년사』, 을유문화사, 1997, 209~211쪽.

6월 5일 제4회 월례회의에서는 명칭을 한국출판학회로 발전시키기로 하고, 허휘(민중서관), 황병국(을유문화사)을 신입회원으로 받아들였다.

한국출판학회 회장 『출판학』 발행

한국출판학회의 창립총회는 6월 22일에 을유문화사 회의실에서 조촐하게 열렸는데 안춘근을 회장에 선출하였다. 임원은 민병덕(총무간사), 황병국(출판간사), 박일준(연구간사), 양문길(감사)이

『출판학』 제14집. 1972.12 발행.

었다. 창립 직후인 8월에는 『출판학』 제1집을 출간하였다. 이 학회지는 한국출판학회 편, 현암사 발행으로 1974년 12월 제22집까지는 계간으로 1년에 네 번씩 나왔으나 출판 경비의 부담이 커지자 발행이 중단된 가운데 1976년 8월에 실적미달로 등록이 취소되었다. 학회지 발행이 중단되자 출판학회도 유명무실의 존재가 되었다. 5년간의

공백기를 거쳐서 1981년 6월에는 『출판학논총』을 안춘근 자신이 운영하는 출판사 광문서관에서 발행하였고, 1982년에는 『출판학연구』라는 제호로 범우사에서 발행한 후로는 해마다 연도를 붙여 『'83출판학연구』, 『'84출판학연구』와 같은 방식으로 출판하였다. 하지만 학회는 침체기에 들어가 있었다.

안춘근은 1978년 6월 24일 을유문화사를 떠나야 하는 사태가 닥쳤다. 그 전해에 있었던 검인정교과서 파동으로 을유문화사가 막대한 출혈을 감수했는데, 설상가상으로 1978년에 출원한 검인정교과서는 전 과목이 탈락하는 수모를 당하였다. 이에 책임을 지고 한규문, 서수옥 두 상무와 주간 안춘근이 자발적으로 사임하였다.

안춘근은 을유문화사에서 물러난 직후 1978년 7월에는 도서 출판 광문서관(廣文書館)을 설립하여 자신의 저서를 4권 출간하였으나 오래 유지하지 못한 채 문을 닫고 말았다. 출판의 기획 편집과 출판평론에는 전문가였으나 출판사 경영은 맞지 않았던 것이다. 그는 이때부터 어느 직장에 매이지 않은 입장에서 책을 모으고 책과 벗하면서 수집가이자 출판학을 연구하는 서지학자로 자유롭게 살았다.

이런 가운데도 안춘근은 출판학회의 활동을 멈추지 않았다. 1983년 5월 18일에는 한국출판학회를 재건하였다. 한동안 침체 상태였던 학회를 새롭게 발족하면서 1969년 3월 17일에 결성된 동인회 한국출판연구회를 계승하였다. 회장은 안춘근이 맡고 연구지의 제호를 『출판학연구』로 바꾸어 연 1회 발행하기로 되었다.

關丙鐥	出版學의 研究方法과 課題
林仁圭	韓國出版의 後進的 特質攷
吳景編	出版의 社會的 責任에 관한 小考
安春根	出版企業의 自标率 比較論
金兒洙	出版企劃에서의 認知的 接近
金義路	프로듀서事業으로서의 出版
許埴纘	出版法制의 小考
河東編	無名氏〈韓國古典美學概論〉解志
阿正玉	〈鏡花緣〉의 書誌的 考察
黃泰編	教科書 執筆에 관한 考察
尹炯斗	日本 圖書流通에 관한 小考

'83出版學研究
韓國出版學會 編

『'83출판학연구』.『출판학』의 후신. 1983.11 발행.

이전까지는 현암사에서 계간으로 발행했던『출판학』은 등록이 취소되었기 때문에 동일한 제호를 쓸 수 없었던 것이다. 그러나 지령은 계승하여 범우사가 발행했다.『출판학연구』는 1989년 1월에 출판학회 창립 20주년 기념 특집호를 발행했고, 1998년에는 통권 제40호를 발행했다.

한편 출판인들의 공식 모임인 대한출판문화협회는 1984년 7월 16일 상무이사회에서 출판연구소 설립을 결의하고 11명의 설립준비위원을 위촉했다. 안춘근은 준비위원에는 포함되어 있었으나, 이듬해 10월 31일에 선임한 연구소설립추진위원 38명 가운데는 포함되지 않았다. 안춘근이 빠진 이유는 알 수 없다. 본인이 사양했는지, 협회에서 제외했는지 확실하지 않지만 안춘근은 참여하지 않은 채 1986년 7월 15일 한국출판연구소가 창립되었다.[16] 출판연구소는 1990년 3월 연 2회 발행『출판연구』를 창간했다.

16『대한출판문화협회 40년사』, 대한출판문화협회, 1987, 247~253쪽.

고서동우회와 애서가산악회

안춘근은 1982년 5월 21일에 창립된 고서동우회 회장으로도 활동했다. 고서동우회는 "고서를 통하여 회원 상호간의 친목을 도모하고 고서 및 국학자료에 관한 의견을 교환함을 목적으로 한다"는 취지로 창립되었다. 회장 안춘근, 부회장은 하동호(공주사대 교수), 여승구(한국출판판매주식회사 대표)였다. 전시회 개최, 애서가상 시상, 고서 간담회(학술발표, 강연회와 고서 소개) 등의 사업을 진행했는데, 안춘근이 발표와 고서소개를 주도했다. 고서동우회는 후에 고서연구회로 이름을 바꾸고 1988년에는 이상보(국민대 교수)가 회장을 맡았다.

동우회는 『한국고서동우회보』를 1984년 5월에 창간했다. 창간호는 58쪽의 빈약한 분량이었으나 1985년에 제2호를 발간했고, 1986년 10월에 발간한 제3호는 제호를 『고서연구 '86』으로 바꾸어 안춘근 회장 화갑기념논문집(양장본 총 246쪽)으로 발행했다. 1990년 12월에는 『고서연구』 제7호가 발행되었다.[17]

안춘근은 출판학회 창립부터 1989년 7월까지 20년 동안 회장을 맡아 학회지를 발간하고, 꾸준히 월례회를 개최하면서 1972년부터는 '출판학회상'을 제정하여 해마다 시상식을 가졌고, 그가 회장이었던 고서동우회는 '애서가상'을 제정하여 1985년 5월과

---

17 이상보, 「인연에 얽힌 사람들」, 『한 출판인의 초상, 윤형두선생 화갑기념논문집』, 범우사, 1995, 220~222쪽.

『고서동우회보』 창간호(15×22cm), 1984.5 발행.

1986년에 시상식을 가졌다. 안춘근은 이와 함께 출판학술 세미나를 개최하는 등으로 출판학의 발전과 출판인들의 학술활동을 주도했다. 1991년 6월에는 애서가클럽이 창립되었는데 회장은 여승구였다. 클럽은 고서동우회의 '애서가상'을 계승하여 시상식을 가졌다.

1985년 9월에 창립된 한국애서가산악회의 회장도 안춘근이었다. 애서가산악회는 매주 일요일에 주로 관악산 삼막사 입구 '애서바위'에서 독서토론회를 열었다.[18] 회원은 50여 명으로 50여 차례의 모임을 가졌다.[19] 출판학회 회장은 안춘근에 이어 1989년 7월부터 윤형두(범우사 대표)가 맡았고, 애서가산악회 회장도 1994년 4월부터 윤형두가 이어받았다.[20]

---

18 「인물광장」, 『경향신문』, 1986.1.22.
19 황병국, 「남애 선생의 화갑에 즈음하여, 선생의 업적을 기리며」, 『남애 안춘근선생 화갑기념논문집』, 범우사, 1986, 18~19쪽.
20 애서가 산악회와 윤형두에 관해서는 김병철, 「애서가 산악회 시대」, 『한 출판인의 초상』, 범우사, 1995, 220~222쪽 참고.

광복 직후의 한국서지학회

안춘근과 직접 관계는 없지만 여기서 광복 직후에 결성되었던 한국서지학회에 관해서 간략히 언급하고자 한다. 한국출판학회와 고서동우회에 앞선 학회의 발자취를 살펴볼 필요가 있기 때문이다. 한국서지학회는 1947년 8월 25일에 이병기(李秉岐), 홍순혁(洪淳赫), 김구경(金九經), 박봉석(朴奉石), 이재욱(李在郁), 송석하(宋錫夏)의 발기로 창립되었다. 사무실은 국립도서관에 두었고, 임원은 다음과 같다.

위원장 이재욱(국립도서관장)

상무위원 홍순혁, 김구경, 박봉석

위원　李秉燾 金斗鍾 趙明基 宋錫夏 孫晋泰 辛東燁 李秉岐

　　　方鍾鉉 閔泳珪 申奭鎬 李弘稷 李仁榮 金元龍

서지학회는 서지 강연회, 전람회, 좌담회를 개최하는 사업을 벌이다가 6·25전쟁으로 활동이 중단되었다. 학회의 재발족 발기인총회는 1959년 10월 20일에 국립도서관에서 열렸다.

회장 김상필(金相弼)　　부회장 이병도(李秉燾)

평의원 김두종(金斗鍾) 김상기(金庠基) 이희승(李熙昇)

신석호(申奭鎬) 최현배(崔鉉培)

회원	김윤경(金允經) 김형규(金亨奎) 민영규(閔泳珪)
	박종화(朴鍾和) 양주동(梁柱東) 이병기(李秉岐)
	이상백(李相伯) 이선근(李瑄根) 이은상(李殷相)
	이홍직(李弘稙) 조명기(趙明基) 황의돈(黃義敦)
	장춘성(張瑃性) 김갑동(金甲童)
간사	김원룡(金元龍) 동 천(董天) 송재오(宋在五)
특별회원	
	을유문화사 정진숙(鄭鎭肅) 　　동아출판사 김상문(金相文)
	동국문화사 신재영(申在永) 　　교학도서 최상윤(崔相潤)
	통문관 이겸로(李謙魯)

서지학회는 꾸준히 월례 발표회를 개최하면서 1960년 2월에 학회지 『서지(書誌)』를 창간했다. 계간 발행이 목표였으나 1972년 11월에 발행한 제5집까지는 60여 쪽을 넘기지 않은 빈약한 분량이었고, 1975년 1월에 제호를 『서지학』으로 바꾸어 통문관 40주년 기념호를 발행할 때에는 186쪽 분량이었다. 그 후의 발행실적을 확인할 수 없다.[21] 안춘근은 제5호(1972.11 발행)에 「역사·언어·민속연구지 『향토』고(考)」를 게재하였다.

한국서지학회는 1989년 1월 회장에 천혜봉(성균관대 교수)을 선

---

21 김희락이 엮은 『한국출판관계문헌목록』(한국출판연구소, 1989.12, 78쪽)에는 『書誌學』이 1968년에 창간되어 부정기로 발행되다가 1973년 6호 발행 후 종간 되었다고 기록되어 있다.

『서지』창간호(15×21cm). 1960.2 발행.　　『서지학』(15×21cm).『서지』제호 변경. 1972.11 발행.

출하였고, 1990년 6월에는 회장 임창순이 선출되어 계간『서지학보』를 창간하여 1997년까지 통권 20호를 발간하였다. 1992년 5월 서지학회 회장 신임 회장에 윤병태(충남대 교수)가 선출되었다. 안춘근은 제3호에 「匏(바가지)활자 존부(存否)에 대하여」를 실었다.

필사, 목판, 활자본 7천여 권

안춘근은 출판학 연구의 중심인물로 그 분야에서는 아무도 넘보지 못할 정도로 많은 논문과 저서를 출간하였다. 출판평론과 수필도 신문 잡지에 자주 기고하고 여러 대학에서 출판관련 과목을 강의하면서 출판학과 설치를 주장했다. 출강한 대학은 이화여대 대학원(1966.9), 중앙대학교 도서관학과(1967.3), 한양대학교 신문학과(1968.9), 명지대학교 국문학과(1970.3), 고려대학교와 경희대학교 신문학과(1973.3), 서울대학교 신문학과(1976.3), 중앙대학교 신문방송대학원(1981.3) 등이었다.

안춘근의 또 다른 큰 업적은 책의 수집이었다. 장서가들은 책을 사랑하고 많이 모으는 역할은 하지만, 장서 관련 책을 쓰거나 대학에서 강의를 하는 경우는 많지 않은데 안춘근은 여러 대학에 출강하고 책을 수집하면서 쉬지 않고 출판 관련 저서를 출간했다. 1978년 6월 말까지 안춘근이 수집한 장서는 7천317책이었다.

필사본	991책
고목판본	691책
고활자본	558책
고중국·일본본	538책
방각본, 서간첩, 袖珍本, 한말교과서, 한말양장본	1,067책
貰冊대본, 판금본, 검열본, 잡지	712책
양장단행본	2,760책
총계	7,317책[22]

---

22 분류항목 가운데 '수진본(袖珍本)'은 소매 안에 넣고 다닐 수 있을 정도의 작은, 포켓형 책을 말한다. 또한 '세책(貰冊)대본'은 빌려주는 책이라는 뜻을 2중으로 쓴 단어이다.

〈귀중본 통계〉

	寫本	목판	활자	계
임진란 전	11	102	52	165
원고본	270			270
송원명본		170		170
				605

이상은 안춘근 자신이 정리하여 『고서연구'86』에 게재했던 목록이다. 8년 전인 1978년 6월 30일에 정리 · 작성하였던 목록을 자신의 회갑기념 논문집에 수록한 것이다.[23] 수집 도서 가운데는 한국학자료, 삽화 고판화본(古板畵本), 한글가사집(歌辭集), 서지학자료, 특수양장본, 명가(名家) 친필본, 세계열국진본, 고활자 체계수집, 미간(未刊) 원고본 등이 포함되어 있다고 주석을 달았다.

장서 1만여 권 정신문화연구원에

안춘근은 이 목록을 작성한 지 1년 후인 1979년 6월에는 장서 1만여 권(고서 7천 권, 신서 3천 권)을 한국정신문화연구원에 양도했다.[24] 대금으로 5천여만 원을 받았는데 당시로서는 상당히 큰 액

---

23 「남애문고 장서목록」은 『고서연구'86 – 남애 안춘근 선생 화갑기념 논문집』, 17~76쪽에 게재되어 있다.

24 박석홍, 「국사편찬위 · 정신문화원등 새 사업 펼쳐 / 미공개사료 발굴 · 정리 착수」, 『경향신문』, 1979.8.8. 그러나 양도한 정확한 숫자는 위의 통계에 집계된 7,317책으로 짐작된다(윤병태는 "그리고 나아가서는 1978년 6월까지 모아두었던 7,317책이라는

수였다. 안춘근은 정신문화연구원에 양도한 책의 목록을 8년이 지난 뒤에 자신의 화갑기념논문집 『고서연구'86』에 게재했다. 심혈을 기울여 수집한 책의 가치를 알리고 기록으로 남겨 두자는 목적이었을 것이다. 안춘근은 책을 수집하여 그 가치를 제대로 평가하여 해제를 써서 원고료를 받아 책 산 값을 벌충하고 많은 책을 모은 다음에 이를 정신문화연구원에 양도하여 연구자료로 활용하도록 하고 자신은 목돈을 보상받은 것이다. 책을 잘 골라서 구입하면 나중에 큰돈이 될 수 있다는 지론을 가지고 있었던 전문적인 수서가의 태도였다.[25]

안춘근은 쉬지 않고 저서를 출간하는 한편으로 출판 관련 다양한 이벤트를 만들어 신문 문화면에 이름이 오르고 일반에게 다가가는 행사를 계속했다. 사망 당시인 1993년 1월까지 41권의 저서를 남겼다는데[26] 그의 화갑기념논문집인 『고서연구'86』과 『'86 출판학연구』에 정리된 저서목록은 31권이었고, 그의 사후 출간 등을 합친 목록은 34권이었다.[27]

우리나라 古典籍을 중심으로 한 大集書를 한국정신문화연구원에 기증하였다"고 썼다. 윤병태, 「남애문고 장서목록 瞥見記」, 『고서연구'86』, 78쪽).

25 안춘근, 『책과 그리운 사람들』, 범우사, 1998, 130~131쪽.

26 「출판계 원로 안춘근 씨」, 『한겨레』, 1993.1.26.

27 저서 가운데 『한국출판문화사대요』, 『한국서지의 전개과정』, 『책과 그리운 사람들』 (안춘근 사후 출판)은 필자가 추가하였다.

안춘근 저서 목록

① 출판학 (11권)

『양서의 세계』, 아카데미사, 1959.3.1.

『출판개론』, 을유문화사, 1963.2.25.

『출판사회학』, 통문관, 1969.6.15.

『한국출판세시론』, 성진문화사, 1971.8.15.

『세계발행금지도서 100선』, 서문당, 1974.4.10.

『현대출판학연습』, 경인문화사, 1976.5.10.

『출판실무편람』(공저), 경인문화사, 1976.5.10.

『서점경영독본』, 한국출판판매, 1982.3.20.

『한국출판문화론』, 범우사, 1981.11.30.

『한국출판문화사대요』, 청림출판, 1987.

『한국서지의 전개과정』, 범우사, 1994.4.30.

② 서지학 (7권)

『애서시가(詩歌)』, 사가판(私家版), 1965.6.25.

『도서장전』, 통문관, 1968.9.15.

『한국서지학』, 통문관, 196.11.25.

『장서원론』, 성진문화사, 1972.2.25.

『한국불교서지고』(일어판), 同朋舍, 1978.12.15.

『한국판본학』, 범우사, 1985.5.12.

『한국고서평석(評釋)』, 동화출판공사, 1986.9.10.

③교양 (10권)

『독서의 지식』, 신양사, 1959.10.20.

『책은 누구나 쓸 수 있다』,[28] 정음사, 1969.7.30.

『양서의 세계』, 을유문화사, 1969.11.30.

『금언으로 본 한국유사』, 광문서관, 1978.9.15.

『한국의 자랑, 과연 그럴만한가』, 광문서관, 1978.10.30.

『지혜의 샘터, 세계예화선』, 광문서관, 1979.4.15.

『민족의 숨결, 명시조 감상』, 광문서관, 1979.5.30.

『역사에 빛나는 한국여성』, 범우사, 1985.8.30.

『천자문 이야기』, 범우사, 1985.8.30.

『동몽선습』, 범우사, 1986.5.10.

④수필 (6권)

『살구나무의 사연』, 동민문화사, 1963.1.15.

『생각하는 인형』, 정음사, 1965.12.30.

『남애영도기』, 성진문화사, 1974.9.24.

『한국근대수필선』(편저), 을유문화사, 1976.6.30.

『책갈피 속의 연서』, 세운문화사, 1977.11.25.

『책과 그리운 사람들』, 범우사, 1998.

---

28 태서문화사(1959)에서 출간한 『저술의 상식』의 全訂版.

출판학회, 고서동우회, 애서가산악회 회장이라는 세 개의 출판관련 회장을 독점하고 있었던 안춘근이 회갑을 맞은 해는 1986년이었다. 그러자 출판학회는 학회지『'86출판학연구』를 '남애 안춘근선생 화갑기념논문집'으로 꾸몄고, 고서동우회도『고서연구'86』을 '남애 안춘근 선생 화갑기념 논문집'으로 편집했다.『고서연구'86』은 1984년 5월에 창간되었던『고서동우회보』의 지령을 이은 제3호로 발행되었다.

저술가 출판학 3관왕

안춘근은 66세의 비교적 짧은 일생 동안 애서가, 장서가, 서지학자, 출판평론가, 수필가로 34여 권의 책을 출간했다. 이 분야 전문가 가운데 가장 많은 책을 쓴 저술가였다. 자신이 수집한 책을 일반에 공개하는 전시회도 여러 차례 개최하면서 신문사 문화부 기자들이 관심을 가질만한 기사거리를 많이 제공하여 출판관련 인물 가운데는 신문에 이름이 가장 자주 올랐다.

그러나 안춘근은 출판 경영인 단체인 대한출판문화협회와는 거리를 두는 자세였다. 출협은 출판사 경영주들의 단체였으니 출판평론과 서지학자로 활동하는 안춘근이 깊이 간여할 여지가 없다고 볼 수도 있었다. 그런 이유도 있겠지만 안춘근이 이 분야에서는 자신이 최고의 이론가라는 유아독존과 자만심이 작용한 결과였다는 해석도 가능하다. 1986년 7월에 창립된 한국출판연구소 설립에 발기인으로 이름이 올랐다가 본격적인 추진 단계에서 안춘근이 배제되었음은 앞에서 잠시 살펴보았다.

1982년 10월에는 원로 출판인 친목 모임인 사간회(思刊會)가 창립되었다. 사간회는 출판을 평생의 업으로 생각한다는 취지의 모임이었다. 20년 이상의 출판 경력을 지닌 60대를 주축으로 70대 원로들로 구성되었다. 창립 회원은 51명이었는데 안춘근은 회원에 포함되지 않았다. 안춘근은 한 때 출판사를 설립하여 경영한 적이 있었으나 그 당시는 출판사 사장이 아니었다. 하지만 그의 경력과 명성으로 보면 회원 자격은 충분했다. 창립 후에 가입한 전체 회원 185명 가운데는 출판단체의 임직원 3명이 포함되어 있었던 것을 보더라도[29] 안춘근이 가입할 수 있는 요건은 갖추고 있었다. 안춘근이 근무했던 을유문화사의 창업주 정진숙의 미수연(米壽宴, 1999.11.17)은 출판문화협회, 사간회, 출판금고가 공동으로 주최했다.

안춘근은 1983년 1월에 한국 최초의 신문인『한성순보』의 성격에 관한 논쟁의 불씨를 지폈다. 발단은『한성순보』는 신문이 아니라 잡지라는 문제를 안춘근이 제기하면서 시작되었다. 안춘근은『한성순보』100주년은 '근대 신문 100주년'이 아니라 '근대 신식 출판 100주년'으로 자리 매김 해야 마땅하다고 주장하는 보도자료를 고서동우회 명의로 신문사 문화부에 돌렸다. 안춘근은 이

---

29 『원로 출판인모임 사간회 30년사』, 사간회, 2012, 280~283쪽.

『한성순보』는 신문인가, 잡지인가. 1983년『한성순보』창간 100주년을 맞아 중앙대학교에서 벌어진 공개토론. 안춘근(왼쪽)과 정진석.

와 함께 「신식 출판 100년 100선 도서전」을 마련하고 1983년 1월 호『문학사상』에도 같은 내용의 글을 실었다. 『순보』는 "신문이라 기보다도 10일마다 발간된 순간(旬刊) 잡지임에 틀림없다. 무엇보 다 10일에 한번이라는 것과 간행물의 형태가 책자"이기 때문이라 는 요지였다.

고서동우회는 한국출판판매주식회사가 발행하는 팸플릿 크 기『책방소식』2월호 표지에도『한성순보』의 사진을 싣고「신식 출판 100년의 회고」라는 좌담회를 통해서『순보』는 잡지라는 주 장을 펼쳤다. 좌담회 참석자는 고서동우회 회장 안춘근, 부회장 하동호(공주사대 교수)와 고서동우회 이사 신영길(경제평론가), 박영 돈(고서 수집가), 여승구(한국출판판매주식회사 사장)이었다. 이렇게 되

자 여러 신문이 안춘근의 '새로운 주장'을 비판 없이 그대로 보도
했다. 이에 대해 정진석은 『동아일보』에 「『한성순보』는 최초의
근대신문」(1983.2.9)을 실어 안춘근의 주장을 반박했다. 논쟁은 여
기서 그치지 않았다. 그해 가을 중앙대학교 신문방송대학원에서
『순보』가 신문임을 주장하는 정진석과 잡지라는 안춘근을 발표
자로 하는 세미나를 개최하여 정면에서 토론을 벌인 일까지 있었
다. 고서동우회가 그 후에 일본인들이 부산에서 발간한 『조선신보』
를 영인하여 언론사 연구에 기여할 수 있게 되었던 것도 이 논전이

『한성순보』 신문–잡지 토론을 마치고. 중앙대 교정에서. 안춘근(오른쪽)과 정진석.

계기가 되었다. 이 논전에 관해서는 나의 저서 『고쳐 쓴 언론유사』 (커뮤니케이션북스, 2004, 275~280쪽)에 상세한 경위를 썼으므로 길게 언급하지 않는다. 시비를 가리자는 목적이 아니라 안춘근의 언론을 통한 문제제기의 방법과 끝까지 주장을 관철하려는 공격적이고 집요한 자세의 일단을 엿볼 수 있는 사례로 소개하는 것이다.

1981년 4월부터는 애국가의 작사와 관련된 자료를 새로 발굴하여 학계의 관심을 환기한 일도 있었다. 애국가 작사자는 안창호, 윤치호, 최병헌, 김인식 등으로 그때까지 여러 설이 있었고 지금도 확정된 정설은 없는 상황이다. 안춘근은 1903년 초여름에 제작된 비단폭에 그린 그림에 쓰인 한문가사를 비롯하여 3종류의 자료를 제시하면서 애국가의 원형임을 주장했다.[30]

안춘근은 1960년대에서 30여 년 출판학을 연구하고 책을 사랑하는 사람들을 결집하여 출판학회를 비롯한 3개 모임의 회장을 20여 년 맡았던 3관왕이면서 출판학 발전과 문화유산인 고서의 가치를 높인 개척자였다.

---

30 「『기세』의 애국 충성가가 국내 최고본의 애국가」, 『중앙일보』, 1981.4.2; 「애국가 필사본 3종을 발견, 서지학자 안춘근 씨가 입수」, 『중앙일보』, 1981.8.11; 「서지학자 안춘근 씨 문헌공개 "애국가 가사는 윤치호 작사 아니다, 애국충성가가 가장 오래된" 원전, 1903년 기록 내용도 같아」, 『경향신문』, 1981.8.11.

김근수

목록집 발간, 잡지학회 창립, 연구소 운영

여러 대학 옮겨 다니면서 국문학 강의

김근수(金根洙, 1910.2.2~1999.8.9) 교수는 보성전문학교 법학과
를 졸업한 1936년 이후 여러 대학에서 강의했던 국문학자였다.
처음에는 고전 문학이 전공이었지만 잡지와 한국학 자료를 수집
하는 동안 자연스럽게 방향을 바꾸면서 잡지 연구가로 더 널리 알
려진 인물이 되었다. 그는 잡지의 목차집 작성과 잡지 영인본 발
행으로 잡지 연구의 기본 자료를 학계에 제공했다.

김근수는 한 직장에 오래 머물지 않았다. 중등학교 교사로 출
발하여 여러 대학으로 직장을 자주 옮겼다. 첫 직장인 경성외국
어학원 교원(1936~1945)으로 10여 년 학생을 가르친 경력이 가장
긴 직장 재직 기간이었다. 그 후 경신중학교(1945~1948), 휘문중
학교와 보성중학교(1948~1949) 교사를 거쳐 동국대학교 문과 강

사(1949~1952), 경동중고등학교 교사(1951~1956)로 재직하는 기간에 전북대학교 문리대 강사와 부교수(1952~1956)를 겸했다. 원광대학교 국문과 교수(1956~1957), 한양공대 강사(1956~1963), 동국대학교 교수(1963~1965), 수도여자사범대학 교수(1966~1967), 청주대학 교수(1966~1968), 명지대학 강사(1971~1972), 숭전대학 강사(1973~1981), 중앙대학교 대학원 강사(1973~1978)를 지내다가 1975년에 중앙대학교 국문학과 교수가 되었다.

경력에 나타나듯이 김근수는 중고등학교와 여러 대학을 빈번하게 옮겨 다녔다. 대학의 '강사'라는 직책은 학기 단위로 강의하는 불안정한 신분이다. 생계를 유지할 수 있는 안정된 단계가 되려면 전임강사 이상의 교수로 임용되어야 한다. 그런데 김근수는 여러 대학의 강사를 거쳐 교수로 임용된 후에도 한 대학에서 짧은 기간밖에 재직하지 않았다. 교수로 재직한 대학은 전북대학교, 원광대학교, 동국대학교, 수도여자사범대학, 청주대학인데 1년 아니면 길어야 3년을 넘기지 못했다. 곧장 다른 대학으로 옮긴 경우도 있지만 무슨 사연이 있었는지 중간에 어느 대학에도 재직하지 않은 공백 기간도 있었다. 1968년에 청주대학 교수를 그만둔 뒤에는 중앙대학교 한국학연구소 부소장을 맡았던 1973년까지 5년 동안은 교수직을 갖지 않은 실직상태였다. 58세부터 63세의 나이였다.

1950년대의 대학교수는 오늘날에 비하면 신분이 안정되지 못한 편이었고, 대우도 좋지 않았으므로 다른 대학에 출강하고 전

중앙대학교 한국학연구소 소장 시절. 김근수(오른쪽)와 정진석.

직하는 경우가 흔히 있기는 했다. 하지만 한번 교수로 임용된 후
에는 소속 대학을 옮기거나 더 형편이 나은 직장을 찾기 전에 교
수직을 떠나는 경우는 별로 없다. 그런 상황에서 김근수의 빈번한
전직 경력은 특이한 점이 있다.

고전문학 연구 논문과 저서

　김근수는 1970년대까지 주로 한국 고전문학 관련 연구논문을
발표했다.

1. 논문

「시조론(時調論)」(『원대학보』1, 원광대학, 1956).

「이두연구」(『아세아연구』7, 고려대 아세아문제연구소, 1961).

「소창진평(小倉進平) 박사의 향가 해독상의 위치」(『아세아연구』18,
고려대 아세아문제연구소, 1965).

「가곡원류고」(『명대논문집』1, 명지대학, 1968).

「훈몽자회(訓蒙字會) 이본고」(『학술원논문집』10, 학술원, 1971).

「조선문단고」(『월간문학』, 1971.12).

「향가연구의 현 위치 / 주로 처용가를 중심삼아」(『도남 조윤제 박사
고희기념논총』, 형설사, 1975).

「균여가(均如歌) 시고서설(試考序說)」(『상은 조용욱 박사 송수기념논문
집』, 1977).

「균여대사와 보현십원가 해독시고(解讀試考)」(『한국학』17, 영신아카
데미 한국학연구소, 1978).

「다산의 인간과 학문」(『한국학』24, 영신아카데미 한국학연구소, 1981).

2. 저서

『학창난고(學窓亂考)』, 청록출판사, 1979.

『시조(時調)연구』, 청록출판사, 1979.

『한국 도서해제논고』, 청록출판사, 1979.

『훈몽자회(訓蒙字會) 연구』, 청록출판사, 1979.

『국어학 연구』, 청록출판사, 1979.

『향가 급 한국 차자고(借字考)』, 청록출판사, 1980.

『국어학 연구』, 청록출판사, 1980.

『한국학 연구』, 청록출판사, 1980.

『한국잡지사』, 청록출판사, 1980.

논문과 저서에 나타듯이 김근수의 주전공은 국문학 가운데 고전문학과 국어학이었다. 저서를 출판한 청록출판사는 김근수 자신이 설립 운영한 출판사였다. 그는 자비출판 형식으로 책을 출간한 셈이다.

김근수는 보성전문 법학과에서 공부할 때부터 책을 모으기 시작했다.[1] 처음에는 고전문학을 연구하다가 차츰 근대 문학에 관심을 가지면서 시집과 잡지를 수집하게 되었다. 1960년대 중반까지 수집한 잡지는 1,000여 권에 이르렀고, 시집은 700여 권으로 시집만으로 따진다면 국내에서 가장 많이 수집한 사람으로 알려져 있었다.[2] 국문학 관련 자료를 합치면 그가 수집한 장서는 1966년 무렵에 1만여 권이 넘었다. 이두와 향가 관련 책부터 신문학 이후에 발간된 시집, 소설, 논설집까지 골고루 갖추고 있었다.

---

1 「장서가와 희서, 김근수 씨와 이조 초엽의 운서(韻書) 삼운통고(三韻通考)」, 『경향신문』, 1966.3.7.
2 「무단정치시대의 잡지개관 출간」, 『동아일보』, 1968.8.1. 시집을 전문으로 수집한 장서가로는 하동호가 있었는데, 김근수와 견주어 어느 쪽이 많았는지 정확한 숫자는 알 수 없다.

잡지, 귀중도서, 시집 수집

수집한 책 가운데는 외국인이 한국에 관해 쓴 책이 주목을 끌었다. 달레(Claude Charles Dallet)의『한국천주교회사』의 번역본『조선사정』(1882), 독일인 에케르트(Franz von Eckert)의『조선어교제문전(朝鮮語交際文典)』(1923), 저자미상 프랑스 선교사가 쓴『조선어문법』(1881), 제임스 스코트의『영한사전』(1891), 같은 사전류와 언더우드(Horace Grant Underwood)의『한영문법』(1890), 이봉운의『국문정리(國文正理)』(1897),『대한문전(大韓文典)』(최광옥, 1908), 유길준의『대한문전(大韓文典)』(1909), 주시경의『소리갈』(1913년경) 등의 문법서가 있었다. 이수광의『지봉류설(芝峯類說)』(1614), 이익의『삼운통고(三韻通考)』과 같은 귀중본은 특히 김근수가 아끼는 장서였다.

김근수가 한 대학에 안주하지 않고 여러 차례 옮겨 다닌 이유는 한국학과 잡지사 관련 자료를 많이 소장하고 있다는 자부심과 자료에 대한 애착이 남달랐기 때문이 아니었을까 추측된다.

김근수는 1963년 11월 24일부터 독서주간 행사로 대한출판문화협회가 주최한 '출판물 특수전시회'에 소장품을 출품하면서 잡지와 도서 소장가로서 일반에 이름이 알려지기 시작했다.[3] 수도여자사범대학 국문학과 학과장으로 재직 중이던 1964년 5월에 김근수는 자신이 소장했던 시집 400여 권을 공개하는 전시회를 열었다. "6·25전쟁을 겪으면서도 생명처럼 간수하고 또 부지런

---

3 「두 개의 도서전시회」,『경향신문』, 1963.9.25.

히 모은 것"이라고 말했는데 살아 있는 시사(詩史)라고 자부할 정
도였다.[4]

김근수는 1966년에 국회도서관이 발행한『한국신문 · 잡지총
목록 - 1883~1945』을 작성하면서 잡지 연구에 전념하기 시작했
다. 목록 작업은 미국 국회도서관 사서였던 양기백(梁基伯)이 정리
하였으나 김근수가 증보 완성하였다. 양기백이 작성한 목록은 주
로 외국에서 발행된 잡지였고, 김근수가 국내 잡지를 추가하였는
데 추가한 목록이 더 많았다.[5]

김근수는 1966년부터 고려대학교 부설 아세아문제연구소의
지원을 받아 청주대학 교수직을 그만둔 상태로 일제 강점기의 잡
지 목차집 정리에 몰두했다. 1968년 8월 1일 자『동아일보』는 김
근수가 네 번째 결실로「무단정치 시대의 잡지개관」을 발표했다
고 보도하면서 그를 '전 동국대 교수'로 소개한 것으로 보아 이 무
렵에는 이전 직장이었던 청주대학을 그만두고 잡지 연구에 전념
하고 있었음을 알 수 있다. 아세아문제연구소는 '일제치하 한국학
연구' 프로젝트의 일환으로 김근수의 잡지 목록 작성과 잡지사 연
구를 지원했다.

---

4 「민족문화의 선구자로, 살아 있는 시사(詩史)」,『경향신문』, 1964.5.25.
5 강주진,「발간사」,『한국신문 · 잡지총목록』, 대한민국국회도서관, 1966.

잡지연구와 목록 작성

국문학 고전을 연구하던 김근수의 잡지 관련 첫 논문은 「『개벽』지 소고 / 호별 총목차에 붙여서」(『아세아연구』 통권 23호, 1966.9)였다. 김근수는 특별히 『개벽』의 중요성을 높이 평가했다. 1969년에 천도교가 『개벽』 영인본을 출간했을 때에 그 '해제'를 쓴 사람도 김근수였고, 1980년에는 『개벽』과 『별건곤』에 실린 「조선자랑 특집」과 『개벽』 압수 원본선집을 영인본으로 출간하였다.

1966년부터 김근수는 아세아문제연구소의 계간 학술지 『아세아연구』에 3개월 또는 6개월 단위로 연구결과를 발표했다. 자료 성격이면서도 실증적인 해제 겸 잡지연구의 성과물이었다.

① 「『개벽』지 소고 / 호별 총목차에 붙여서」(1966.9, 통권 23호),
127~170쪽.

② 「기미운동 전후의 잡지소고 / 『창조』 『서울』 『아성』 『신천지』
『신생활』 『현대평론』 『여시』지에 관하여, 1」(1967.3, 통권 25호),
171~205쪽.

③ 「구한말 잡지 개관」(1967.9, 통권 27호), 231~322쪽.

④ 「무단정치 시대의 잡지개관」(1968.3, 통권 29호), 155~218쪽.

⑤ 「문화정치 표방시대(전기)의 잡지개관 ①」(1968.6, 통권 30호),
197~264쪽.

⑥ 「문화정치 표방시대(전기)의 잡지개관 ②」(1968.12, 통권 32호),

153~241쪽.

⑦「문화정치 표방시대(전기)의 잡지개관 ③」(1969.3, 통권 33호),
161~272쪽.

⑧「문화정치 표방시대(후기)의 잡지개관 ①」(1969.6, 통권 34호),
141~257쪽.

⑨「문화정치 표방시대(후기)의 잡지개관 ②」(1969.9, 통권 35호),
263~341쪽.

⑩「문화정치 표방시대(후기)의 잡지개관 ③」(1970.3, 통권 37호),
317~412쪽.

⑪「친일 강요시대의 잡지개관」(1970.6, 통권 38호), 119~210쪽.

1965년 국회도서관의『한국신문·잡지총목록 - 1883~1945』
편찬에 이어 1966년에 아세아문제연구소의 지원으로 자료를 정
리하면서 수행한 잡지사 연구는 4년에 걸쳐 549종의 잡지를 조사
하여 목차를 작성했다. 소장처를 직접 찾아가서 만들지 않고는 나
올 수 없는 실증적인 자료였다. 김근수 개인 소장 잡지가 많았지
만 서울대, 고려대, 연세대, 국립중앙도서관, 한국연구원과 같은
공공 도서관과 백순재, 백철, 김윤경 등 개인 소장 자료를 망라 조사
하여 작성한 목록이었다. 이전은 물론이고 김근수 이후에도 이처럼
광범한 조사는 이루어진 적이 없었다. 잡지의 목록을 작성하고 해
제를 쓰면서 소장처까지 밝혀두었기 때문에 희귀한 잡지의 소재
를 파악할 수 있도록 하였다는 점에서도 의미 있는 작업이었다.

김근수(오른쪽)과 정진석. 중앙대 교정에서.

    김근수가 광복 이전 잡지의 호별 목차, 소장처와 함께 해제에
해당하는 시기별 논문을 완성할 무렵인 1970년에는 잡지 연구의
중요성이 주목받기 시작했다. 잡지가 학문연구와 문학 활동의 발
표장이면서 현실문제에 대한 비판과 증언자 역할을 했기 때문에
"잡지의 정리는 근대사상의 광맥을 탐사하는 것"이라는 인식이
확산되고 있었다.[6] 잡지의 목차와 목록 등의 서지작업과 사라질
위기에 놓인 잡지의 영인사업이 활발히 진행되던 배경이었다.

---

6 「근대사상 캐내는 잡지 정리」,『동아일보』, 1970.11.2.

중앙대학교 한국학연구소 소장

김근수는 1973년에 중앙대학교 한국학연구소 부소장을 맡았다. 중앙대학교는 이 해에 영신아카데미를 설립하면서 김근수가 수집 소장한 잡지와 서적을 가지고 들어가는 조건으로 그를 부소장에 임명하였다. 영신아카데미는 중앙대학교 설립자 임영신의 이름을 딴 연구기구로 설립 당시의 소장은 중앙대학교 교수이자 문학평론가였던 백철(白鐵)이었고, 김근수는 부소장이었다. 김근수는 부소장이었지만 실질적인 사업을 추진한 사람이었다. 2년 뒤에 김근수는 국문학과 교수로 임용되었고, 1978년부터는 한국학연구소 소장을 맡았다. 국문학과 교수가 되었을 때에는 65세였으니 정년퇴직 나이였는데 교수로 임용되었다는 사실은 특이하다.[7]

김근수는 한국학연구소에서 정력적으로 업적을 내놓았다. 한국학 관련 여러 출판물을 편찬 발행했는데 그 가운데 신문·잡지 관련 자료집이 8권이었다. 1973년 가을에 우선 계간 학술지 『한국학』을 창간했다. 김근수가 거의 혼자 손으로 편집했는데 1982년 여름에 나온 통권 26집까지는 확인 되지만 그 이후에도 발행되었는지 확실하지 않다.

학술지 발행과 동시에 김근수는 방대한 잡지 자료 편저서를 발간했다. 광복 이전 잡지를 집대성한 '한국학 자료총서 제1집'

---

7 그의 이력은 한국학중앙연구원 발행 『한국학 연구 인명록』(1983)에 수록되어 있다. 본인이 작성하여 제출한 자료였을 것이다.

『한국잡지 개관 및 호별 목차집』(영신아카데미 한국학연구소, 1973)이 첫 번째 결실이었다. 앞서 살펴본 고려대 아세아문제연구소의 후원으로 1966년부터 4년간 『아세아연구』에 발표했던 잡지 논문과 목차를 모은 자료집이었다. 968쪽에 달하는 분량으로 아세아연구소가 보관한 발표 당시의 지형(紙型)을 빌려서 전체 페이지를 새로 매기는 방식으로 조판하였다. 영신아카데미 한국학연구소가 제1집에 이어서 펴낸 자료총서는 다음과 같다. 모두 김근수가 편찬한 자료집이었다.

제2집 『일제치하 언론·출판의 실태』, 1974.
　　신문관 발매 서적 총목록(1914.5)
　　소화 5년 朝鮮に於ける出版物槪要(1930)
　　소화 14년 朝鮮出版警察槪要(1935)
　　조선내 발행 신문지 일람표(1933.3)
　　조선문 계속발행 출판물 일람표(1933.5)
　　불온간행물 기사집록(1934.4)
　　금지단행본 목록(초)(1941.1)
　　김근수, 「1920년대의 언론과 언론정책」(『3·1운동 50주년 기
　　　념논집』, 동아일보사, 1969 수록 논문)
제3집 『근대화와 구국운동』, 1974.
제4집 『한국신문(1883~1945) 소재 한국학 논설색인』, 1974.
제5집 『한국잡지 개관 및 호별 목차집 – 해방 15년』, 1975.

제6집『한국학 논설색인 － 1945～1959』, 1975.

제7집『조선 자랑 특집,『개벽』과『별건곤』소재』(현대사, 1980).

제8집『개벽 압수원본 선집』(현대사, 1980).

제9집『한국인의 사상과 성격』, 1976.

제10집『야사총서(野史叢書)의 총체적 연구』, 1976.

제11집『야사총서의 개별적 연구 － 자료편』, 1978.

제12집『한국 민속자료』1, 1979.

제13집『한국야사류 － 속』, 1979.

제14집『조선 재류 구미인 조사록 － 1907～1942』, 1981.

제15집『한국민속자료』2, 1981.

제5집은 제1집의 속편으로 광복 이후 발행 잡지를 개관한 자료집이다. 제1집은 광복 이전 잡지 자료집이었는데, 광복 이후 15년(1975년까지)의 두 번째 자료집은 1집이 나온 후에 조사하고 연구한 내용이었다. 1집과 5집 두 권을 합치면 한말부터 1975년까지 발행된 잡지의 목차를 망라하여 실물을 직접 보지 않고도 내용을 알 수 있도록 하였고, 시기별 특징과 중요 잡지의 해제를 곁들여 잡지사 연구의 기초를 닦은 업적이었다.

제3집『근대화와 구국운동』은 주요 신문의 논설을 모은 자료였다. 제4집『한국학 논설색인』은 한말 이후에 발행된 신문의 한국학 논설 제목을 색인화하였고, 제6집은 광복 이후 1959년까지의 논설색인이었다.

제7집 『조선 자랑 특집』은 『개벽』과 『별건곤』에 실렸던 '특집'을 묶어 영인하였고, 제8집 『개벽 압수원본 선집(押收原本選集)』 (1976)은 1920년대의 대표 잡지 『개벽』에 실렸다가 총독부의 검열에 걸려 삭제된 논문과 기사를 모았다. 김근수가 소장했던 자료를 영인한 자료였다. 7집과 8집은 한국학연구소에서 발행하였다가 1980년에 현대사에서 다시 출간하였다. 일제 강점기에 발행된 『신동아』(1931~1936, 통권 59호)도 16권으로 묶어 한국학연구소에서 1982년에 발행하였는데, 학연사(學硏社)가 보급처로 되어 있다. 제14집은 한국학연구소 발행, 총판은 대영문화사(중구 을지로 2가 148의 30)로 되어 있다.

김근수는 한국학 연구 자료를 가장 많이 수집 소유하고 있으며, 이 분야 연구의 선구자라는 자부심을 품고 있었다. 그는 1979년 11월에 한국학연구소 창립 6주년 및 『한국학』 제20집 간행기념으로 중앙대학교 도서관 1층 한국학연구소에서 '한국학자료전시회'를 열었다. '국내 향토문화 연구자료 전시회'라는 주제로 열었던 전시회에 김근수는 121점의 지방지(地方誌)를 내놓았다. 그는 이 전시회 개최에 맞추어 한국학연구소의 당면 3대 과제를 전시회 목록 뒷면에 제시했다.

① 한국학을 하나의 독립한 학문으로 정립시키기 위한 연구 노력.

② 한국학연구소의 '한국문고'를 '한국학연구도서관'으로 육성.

③ 국내외 학계에 한국학에 대한 인포메이션을 제공.

하지만 한국학은 아직 개발도상의 학문이므로 한국학을 연구하는 학도들을 위한 제1차적 과제는 자료의 발굴과 정리다.『한국학』과 한국학 자료총서를 발행하여 학계에 제공하는 것은 한국학을 발전시키려는 취지다.

잡지학회 창립과 전시회

중앙대학교 영신아카데미 한국학연구소 소장직을 맡고 있던 김근수는 1986년 12월 23일 잡지학회를 창립하여 회장에 취임하였다.[8] 학회 창립 기사는『경향신문』과『매일경제신문』「동정」 (1987.1.7)란에 실려 있지만 회원이 누구였는지, 회장 이외의 임원이 더 있었는지는 알 수 없다. 아마도 김근수 단 한 사람의 학회였을 것이다. 어쨌건 김근수는 국내에서 처음으로 잡지학회를 창립했던 인물로 기록될 수 있다.

27년 뒤인 2013년 8월 30일에 언론학 교수들이 잡지협회의 후원으로 잡지학회를 창립하였는데 김근수는 잡지연구의 중요성을 먼저 인식했던 선각자였다. 하지만 김근수의 잡지학회는 전시회를 개최한 실적 외에는 아무런 활동이 없었다. 김근수는 1987년 말에 중앙대학을 떠나면서 학회활동의 근거를 잃었다.

학회 창립 직후인 1987년 1월 12일부터 18일까지 김근수는

---

8 「동정」,『경향신문』;『매일경제신문』, 1986.12.25.

교보문고 특별전시장에서 '한국잡지 90년전'을 열었다. 전시회를 준비하는 단계에 학회가 창립되었던 것이다. 잡지학회와 잡지협회가 공동으로 주최한 전시회였으나 전시 잡지는 대부분 김근수 개인 소장품이었다. 『친목회회보』, 『대죠션독립협회회보』, 최남선의 『소년』 창간호를 비롯하여 『개벽』, 『신동아』 등 1987년 1월호까지 500여 종이 출품되었다.[9]

같은 해인 1987년 6월 '한국 현대시 80년전'을 교보문고에서 열 때에도 김근수는 중앙대 한국학연구소 소장으로 신문에 보도되었다. 하지만 그해 말에는 중앙대학교를 떠났다. 67세였으니 교수 정년이 2년이나 지난 때였다.

중앙대학을 떠난 김근수는 1988년 4월에 자신이 살던 명륜동 소재 4층 빌딩 자택에 '한국학연구소'를 개설하고 '성암잡지도서관' 간판을 내걸었다. 성암(誠巖)은 김근수의 호다. 개인 소장 잡지를 활용한 한국학연구소 겸 도서관장이었다. 50여 년 수집한 자료는 2만여 점에 달했는데, 구한말 이후 현대까지 각종 잡지 1만여 권, 사전·옥편 500여 권, 실학, 독립운동사, 국문학, 민속학 관련 희귀 자료들이 포함되어 있었다.[10]

명륜동 한국학연구소에서 성암잡지도서관 개관 기념행사로 1988년에 연 첫 전시회는 '지난 60년 동안 열린 각종 전시회 팸플릿

---

9 윤국정, 「잡지역사 한 눈에, 한국잡지 90년 전, 『소년』 창간호 등 1,500여 종 전시」, 『동아일보』, 1978.1.7.
10 홍찬식, 「강단 떠난 노학자들, "학문엔 은퇴 없다"」, 『동아일보』, 1988.4.20.

전시회'였다.[11] 전시회와 함께 희귀 고문서 등 한국학 자료 300여 점을 공개했다.[12] 김근수는 1992년 6월에도 '우리문학의 올바른 인식을 위한 한국문학 자료전'을 열었고, 1994년에는 『미니 서울백과』(1994)를 출간했다. 일제 강점기부터 광복 직후까지 잡지에 실렸던 서울관련 특집기사를 모은 책이다. 책 발간 당시에는 84세였다.

1994년 9월에는 한국학연구소 창립 21주년 기념 '7대 옛 수도 문헌 전시회'를 열었다. 1973년의 중앙대학교 한국학연구소 설립부터 중앙대학을 떠나 명륜동 자택에서 혼자 힘으로 운영하는 한국학연구소의 법통을 자신이 이어왔다는 의미였다.[13] 그는 한국잡지학회 회장 직책도 지니고 있었다.[14] 1995년 11월에 잡지협회가 개관한 한국잡지종합전시관 행사에 참석할 때와[15] 1997년 1월의 잡지협회 행사에도 회원이 없는 김근수 한 사람의 잡지학회 회장을 자처했다. 김근수가 개최한 전시회가 몇 차례였는지 모두 알수는 없지만 당시 신문에 실린 기사를 추려본다.

> 1981.6, 한국 일서(逸書), 기서(奇書), 진서(珍書) 전시회. 한국학연구소 창립 8주년 기념. 대한출판문화회관 전시실.
>
> 1982.6, 한국출판문화사 실물전시회, 한국학연구소 창립 9주년 기

---

11 「김근수 한국학연 소장, 희귀 팸플릿 300점 전시」, 『경향신문』, 1988.4.16.
12 「문화 게시판」, 『동아일보』, 1988.4.18.
13 최정훈, 「7大 옛 수도 문헌 한자리에」, 『경향신문』, 1994.9.7.
14 박구재, 「잡지협, 『잡지예찬』 출판기념회」, 『경향신문』, 1997.1.28.
15 조항민, 「한국잡지종합전시관 개관식」, 『동아일보』, 1995.11.17.

념. 대한출판문화회관 전시실.

1983.6, 독립운동 문헌전시회, 대한출판문화회관 전시실.

1984.6, 우리의 역사적 유물 유적과 명승고적 문헌전, 대한출판문화회관 전시실.

1986.5, 한국사전류 200선 전시회, 국립중앙도서관.

1987.1, 한국잡지 90년전, 교보문고 특별전시장.

1987.6, 한국 현대시 80년전, 교보문고.

1988.4, 지난 60년 동안 열린 각종 전시회 팸플릿 전시회, 명륜동 개인 한국학연구소.

1992.6, 우리문학의 올바른 인식을 위한 한국문학 자료전, 명륜동 개인 한국학연구소.

1994.9, 7대 옛 수도 문헌 전시회, 명륜동 개인 한국학연구소.

김근수의 『한국잡지사』(청록출판사, 1980)는 단행본으로 나온 국내 유일의 잡지역사 저서이다. 『한국 잡지 표지에 의거한 한국잡지연표』(1991)는 잡지 400여 종의 창간호 표지를 모아 해설을 곁들인 연표이다.

미국 컬럼비아대학은 1985년 11월에 김근수에게 명예 문학박사 학위를 수여했다. 한국학 연구 자료 등 40여 권의 저서를 편찬한 공로를 인정한 것이다. 1991년 11월 1일 잡지의 날에 정부는 김근수에게 보관문화훈장을 수여하였다.

하동호

시집 전문 수집과 서지학 연구

조선문고 박문문고 전질 소장

하동호(河東鎬, 1930.6.23~1994.6.22)는 시집을 전문으로 수집했던 서지학자이자 국문학 교수였다. 경기도 강화읍에서 태어난 하동호는 강화도에서 유치원과 초등학교까지 마친 후 서울 휘문중학교에 입학하여 1950년 5월에 졸업하고 연희대학교 국문학과에 입학했다. 입학 한 달 만에 6·25전쟁이 일어나자 학도의용대에 입대하여 강화군 지대(支隊) 총무를 맡았다. 1951년 4월에는 육군에 정식 편입되어 군복무를 시작했고 1953년 7월부터 이듬 해 5월까지 육군 고급부관학교에서 행정속기반 교육을 수료했다.

1954년 10월에 만기제대하여 이듬해 3월 연희대학 국문학과에 복학, 1958년 9월에 졸업했다. 1959년 4월 한성고등학교 교사가 되어 1968년 3월까지 재직하다가 1968년부터 홍익고등공업

시집 전문 수집가 하동호.

전문학교 전임강사와 부교수를 거쳐 1971년에 공주사범대학 교수가 되었다. 홍익공전 재직 중인 1969년 9월 단국대학교 대학원 국문학과에 입학하여 1973년 2월에 문학 석사 학위를 받았다. 석사논문은 「개화기 소설연구, 서지중심으로」였다.

하동호는 군에서 제대한 후 대학에 복학하였을 때부터 서지학에 뜻을 두었다. 그는 "나의 생활은 서책으로서, 서책은 나의 생활, 생활과 서책과는 두 낱의 명사이나, 나의 현실에서는 하나. 단 그 관찰이 두 명사에 지나지 않는다"고 말할 정도로 책 모으는 일에 전념했다.[1] 서지학 이론서가 없던 시절이었기에 혼자 연구를 하다가 1979년에는 일본의 서지학자 세 사람의 논문과 저서를 번역하여 『서지학』(탑출판사)이라는 책을 출간했다. 이 책은 1987년에 재판이 발행되었다.

책 수집은 하동호의 일상이었다. 그는 대구와 부산의 고서점에 책을 찾아 나섰던 이야기를 글로 남겼다. 1962년 8월에 떠났던 부산의 고서 수집 여행기는 「보고사(寶古舍) 서지고」(『출판학』 17. 1973)에 기록되어 있다. 재직 중인 공주사범대학 개교기념일인 1984년 11월 1일에는 강의가 없는 시간을 활용하여 대구로 탐서

---

1 하동호, 「책머리에」, 『근대서지 攷拾集』, 탑출판사, 1986. 3쪽.

(探書) 여행을 떠났는데 「탐서수집 서지고」(『'85출판학연구』, 범우사)에 담겨 있다. 하동호의 책 수집 행적과 책의 가치를 탐구하는 자세를 엿볼 수 있다.

하동호 이전에 서지학 관련 책을 출간한 사람은 제홍규(諸洪圭)였다. 그는 국립중앙도서관 사서로 고전적(古典籍)의 실무를 담당하면서 1974년에 두 권의 연구서를 출간했다.『고전적의 전래와 보존대책에 관한 연구』(한국도서관학연구회)와『한국서지학사전』(경인문화사)이다. 1976년에는『한국서지관계 문헌목록』(경인문화사)도 출간했다. 제홍규는 근대 이전의 옛날 전적을 중점적으로 연구했다. 하동호의 근대서지와는 영역이 달랐다. 제홍규 이후에도 고문서 연구가들은 있었다. 최승희의『한국고문서연구』(정신문화연구원, 1981; 지식산업사, 증보판 1989), 유택일의『한국문헌학연구』(아세아문화사, 1989) 같은 저서가 있었으나 역시 고문헌 연구였다.

전공이 국문학이었던 하동호는 주로 시집을 수집하면서 근대 국문학 관련 서지 연구에 힘썼다. 고등학교 교사 재직 중이던 1966년에 이미 8천여 권의 책을 가진 '젊은 장서가'였고 그해 안에 1만여 권을 채우겠다는 목표를 세우고 있었다.[2] 아직은 하동호라는 이름이 사회적으로 널리 알려지기 전이지만 시집 126권과 외국 번역시집 34권까지 수집한 상태였다. 월간잡지『인문평론』(1939~1941, 통권 16호),『문장』(1939~1941, 통권 25호),『신천지』(1946~1958, 통권 68호) 완질과 문고판의 효시라 할 수 있는 '조선문

2 「장서가와 희서」,『경향신문』, 1966.3.12.

고'와 '박문문고'도 전질을 가지고 있었다.

하동호는 「한국 현대시집의 서지적 고찰」(『신동아』, 1967.2)에서 광복 전에 발간된 시집은 통틀어 약 161권이고, 외국 시를 번역 출판한 시집과 외국어 창작시집은 44권으로 집계했다. 그 가운데 한성도서가 22권, 박문서관이 15권을 각각 출판했다고 발표했다. 1970년에는 안춘근이 회장을 맡고 있던 한국출판학회에 가입하면서 출판학회가 발행하는 계간 『출판학』에 출판과 잡지 관련 논문을 연달아 발표했다.

문고본 서지 연구

하동호는 1970년 11월에 발행된 『출판학』 제6집부터 「한국 문고본의 서지적 고찰」을 연재했다. 첫 회는 1938년 10월에 창립된 주식회사 학예사가 발행한 '조선문고' 20종을 소개했고,[3] 제2회(『출판학』 7집, 1971.3)는 '박문문고' 22종과 '현대문고' 5종을 고찰했다.[4] 제3회와 4회에 해당하는 논문 두 편은 『출판학』 8집(1971.6)에 함께 실렸다. 「한성도서가 남긴 출판물 서지 약고(略攷)」와 「한국 문고본의 서지적 고찰」이라는 제목이다. 뒤의 논문은 광복 이후 정음사와 을유문화사가 발행한 문고를 열거하였다.

---

3   하동호, 「한국 문고본의 서지적 고찰 ①」, 『출판학』 제6집, 1970, 39~57쪽.
4   하동호, 「한국 문고본의 서지적 고찰 ②」, 『출판학』 제7집, 1971, 44~62쪽.

하동호가 문고본 연구 논문을 발표하던 무렵에 출판계에서는 문고 붐이 일고 있었다. 1971년 11월에 발표한 「박문서관의 출판 서지고(書誌考)」(『출판학』 10집, 1971.11)는 한말과 일제 강점기의 문고본 출판과 대표적인 출판사를 실증적이고 미시적으로 연구한 논문이다. 하동호의 주요 논문을 정리해 본다.

「경술합병과 함께 발금(發禁)된 도서일람」, 『한국어문학』 1, 한국
　　어문학회, 1965.12.

「출판 20년사, 전집류편」, 『출판문화』, 대한출판문화협회, 1966.4.

「신소설 연구초, 상 · 중 · 하」, 『세대』, 1966.9 · 11 · 12.

「한국 현대시집의 서지적 고찰」, 『신동아』, 1967.2~4.

「『창조』 고」, 『동서춘추』 1, 1967.5.

「한국종합지 60년사」, 『세대』, 1968.2.

「한국평론집의 서지적 연구」, 『홍익공전논문집』 1, 1969.12.

「한국문고본의 서지적 고찰 ①, 조선문고」, 『출판학』 6, 1970.11.

「한국문고본의 서지적 고찰 ②, 박문 · 현대문고」, 『출판학』 7, 1971.1.

「한국문고본의 서지적 고찰 ③, 정음 · 을유문고」, 『출판학』 8, 1971.3.

「박문서관의 출판 서지고(書誌考)」, 『출판학』 10, 1971.11.

「한국문고판본의 서지고략(考略)」, 『홍익공전논문집』 2, 1970.

「현대문학 전적의 서지고, 한국 서지사 연구」, 『동방학지』 11, 1970.

공주사범대학 교수가 된 1971년 후에 하동호는 더욱 활발하게 논문을 발표했다. 근대서지와 관련이 있는 논문만 정리하면 다음과 같다.

「계림서원의 전적고」,『출판학』11, 1972.2.

「개화기 소설의 발행소 인쇄소 인쇄인 고(考)」,『출판학』12, 1972.6.

「『가톨릭청년』의 서지학적 고찰」,『창조』26, 1972.9.

「일소옹 신문수습 유기(遺記)」,『출판학』14, 1972.12.

「희적수삼지(稀籍數三志)」,『인문과학』1, 공주사대, 1972.12.

「『국어철자첩경』해제」,『한글』151, 1973.4.

「『주간삼천리』서지고」,『출판학』16, 1973.6.

「보고사(寶古舍)」서지고」,『출판학』17, 1973.9.

「1920년대 학생지와 학생문단고」,『시문학』27 · 28, 1973.10~11.

「한국 현대시집의 서지연보」,『신동아』, 1973.11.

「『자선부인회잡지』소고」,『출판학』19, 1974.4.

「한국고서전적 변천약고(略考)」,『출판학』20, 1974.8.

「『세계과학문화사연표』에 나타난 한국상」,『출판학』21, 1974.10.

「속칭 얘기책 서지약고」,『도서관』(국립중앙도서관), 1975.4.

「김소월 유시문(遺詩文) 습지(拾志)」,『월간중앙』92, 1975.11.

「3 · 1민족지도자의 이력 백서」,『월간중앙』96, 1976.3.

「을사전후의 언론자료해지」,『저널리즘』, 1976.10.

「개화기 소설의 서지적 정리 및 조사」,『동양학』, 1977.

「「조선어전」의 계보」, 『나라사랑』 27, 1978.6.

「『국문직해』 해지」, 『눈뫼 허웅 박사 화갑기념논문집』, 1978.12.

「시조연구 논문목록」, 『국문학논집』 9(단국대학교), 1978.12.

「17세기 말(숙종초) 전국호구 인구조사 정리」, 『한국학보』 20, 1980.9.

「한국음악서지목록, 상·하」, 『문예진흥』 11·12, 1980.11~12.

「단재(丹齋) 서지」, 『단재 신채호와 민족사관』, 1980.12.

「최찬식의 작품과 개화사상」, 『신문학과 시대의식』, 1981.11.

「『시조연의(時調演義)』 해지」, 『백영 정병욱 선생 환갑기념논총』,
   1982.5.

「한국근대시집 총림서지」, 『한국학보』 28, 1982.9.

「소월시 작품서지」, 『김소월연구』, 1982.10.

「개화기 문학의 연구를 위한 문헌고」, 『한국문헌연구의 현황과 전
   망』, 1983.12.

「한국 고활자 전적을 판별정리하기 위한 정리」, 『'84출판학연구』,
   1984.10.

「1900년대 출판잡고(雜攷)」, 『한국고서동우회보』 2, 1985.5.

「탐서수집 서지고」, 『'85출판학연구』, 1985.12.

「출판여화」, 『서울신문』, 1985.3~1988.6.4, 17회.

「『조광』 서지분석」, 『동양학』 16, 1986.10.

「반세기 국역발달고」, 『공주사대논문집』 25, 1987.12.

저서와 편저 출간

저서와 편저도 부지런히 출간했다. 대중적인 편저는 백순재와 공편으로 펴낸 김소월 시집이다. 잡지를 전문으로 수집한 백순재와 주로 시집을 많이 모은 하동호는 독서인이 가장 좋아하고 널리 알려진 소월 김정식의 시를 모아 『결정판 소월전집, 못 잊을 그 사람』(양서각, 1966)을 내놓았다. 하동호, 백순재 공편으로 펴낸 소월의 시는 '결정판'으로 이름 붙여 1970년에는 인하출판사, 1973년에는 미림출판사에서 출판하였을 만큼 인기가 있었다. 세 출판사가 출간할 정도로 시장성도 있었다.

국문학과 서지학 관련 하동호의 저서를 연도별로 나열하면 다음과 같다.

1966 『못 잊을 그 사람』(양서각).

1972 『현대 한국문학 서지고』(경문서림).

1976 『한국근대문학 산고(散考)』(백록출판사).

1977 『역대 한국문법 대계』(탑출판사. 1979, 1983, 1985년에도 출간).

1979 『서지학』(탑출판사. 오이야마 쥬가이(小見山壽海), 히사오카 몬자
　　　우(壽岳文章), 가와세 히토바(川瀬一馬)의 저서를 하동호가 번역.
　　　1987년에 두 번째로 출간했다).

1986 『역대 한국문법 대계(大系) 총색인』 金敏洙, 河東鎬, 高永根
　　　공동 작성(탑출판사. 하동호는 「한국문법 연표」, 「문법대계 계화(繋

話)」집필).

1986『한글논쟁 논설집』상·하(탑출판사).

1987『근대서지 고습집(攷拾潗)』(탑출판사).

1987『근대서지 고류총(考類叢)』(탑출판사).

1988『속담풀이』(경원각).

1990『하동호 교수 재경오(再庚午) 기념논총』(탑출판사).

위의『근대서지 고습집』(탑출판사)에는 하동호의 대표적 연구 논문이 수록되어 있다. 책 목차는 다음과 같다.

경술합병과 함께 발금(發禁)된 도서일람

개화기문학의 연구를 위한 문헌고

최찬식의 작품과 개화사상

속칭『얘기책』서지고략(考略)

한국신문 90년의 자료정리

일소옹(一笑翁) 신문수습 유기(蒐拾遺記)

학술논문을 통해 본 신문학 연구

한국종합지 60년사

『창조』서지고

『주간 삼천리』서지고

한결 저작사(著作史)의 한 연구

한결 자작사의 한 연구 (보유)

환산 이윤재 선생 서지

단재 서지

한치진 연구 문헌지

『한국문학대사전』변정고(辨正考)(抄)

역대 문법책 100권 색인과 시집 전시

편저『역대 한국문법 대계』는 방대한 문법서를 집대성한 자료 집이었다. 하동호는 1966년에 100여 종에 달하는 역대 문법책을 3권만 빼고 모두 수집했다.[5] 그는 수집한 문법책을 제공하여『역 대 한국문법대계』를 엮었다.『문법대계』는 1860년대부터 1960년 대 사이 100년에 걸쳐 출간된 문법 책 300여 종을 100권에 묶어 발간하고 마지막 101권은 총 색인으로 만들었다.

학문 발전에 기여도가 높은 편저는 독창적인 저서 못지않은 중요성을 지닌다. 숨어 있던 전적을 발굴하여 연구의 자료를 널리 확산하면서 학문 발전과 역사연구에 큰 도움을 준다. 자료의 발 굴, 수집, 확산으로 이어지는 서지학자들의 노력이 중요한 이유이 다.『역대 한국문법대계』는 출판사를 바꾸어 1986년에는 예문사 에서도 발행하였다.

하동호가 수집한 시집이 문학 연구가들과 일반 독서인들에게

---

5 「장서가와 희서」,『경향신문』, 1966.3.12.

가장 관심을 끈 행사는 1971년 11월 제17회 독서주간에 국립중앙 도서관이 기획한 '한국 현대시집 전시회 - 1920~1965'였다. 하동 호는 이 전시회에 시집 1천 200여 권을 전시했다. 앞서 6 · 25 이 전에 출간된 시집을 정리하여 「한국 현대시집의 서지적 고찰」(『신 동아』, 1967.2~4)을 발표했었다. 그 후로 미비점을 보완하고 수집을 계속하여 1965년까지 발행된 시집을 전시회에 내놓은 것이다. 그 는 "남보다 조금 일찍 취미를 이곳에 두었던 덕분에 우리나라 초 창기부터 1950년대까지의 시집은 거의 완벽스럽게 갖출 수 있는 영광을 지녔다"고 말한다.[6] 우리나라 첫 현대시는 최남선의 「海에 게서 소년에게」(『소년』, 1908.11)이고, 순수 시 잡지는 1921년에 창 간된 『장미촌』, 창작시집은 김억의 『해파리의 노래』(1923.6.30)로 하동호는 규정했다. 국립중앙도서관에 전시했던 시집은 시기별 로 6부로 나누었다.

　　제1부 창작시집(1923~1945.8.15)

　　제2부 번역, 외국어 창작시집(1921~1945.8.15)

　　제3부 창작시집(1945.9~1950.6.25)

　　제4부 창작시집(1951~1955)

　　제5부 창작시집(1956~1960)

　　제6부 창작시집(1961~1965)

6　하동호, 「한국현대시집목록을 엮으며」, 『한국현대시집 전시목록』, 국립중앙도서관, 1971.

국립중앙도서관은 1979년 9월 1일부터 10월 31일까지 두 달 동안 동 도서관이 소장한 문고판본 전시회를 열었는데, 이때에도 문고판본의 총목록은 하동호가 작성한 목록을 인용하였다.

백순재, 안춘근, 김근수는 도서·잡지 전시회에는 언제나 소장 도서를 출품하는 최고의 수장가들이었다. 1971년 11월 1일부터 1주일간 열린 '한국출판 90년전'에도 하동호는 백순재, 안춘근과 함께 출품했다.

1982년 6월에는 고서동우회 창립과 함께 안춘근이 회장, 하동호가 부회장을 맡았다. 고서동우회는 1983년 2월 '한국 신식출판 100년, 100선 도서전시회'를 한국출판판매주식회사에서 개최했다. 고서 수집가 7명이 출품했는데, 안춘근 29, 하동호 19, 박영돈 12, 여승구 17권을 출품했다. 발행 기간은 개화기 22권, 일제 강점기 40권, 광복 이후 38권이었다.

한국 서지학연구의 이론 정립에 업적을 남긴 하동호는 정년을 한 해 앞둔 1994년 6월에 사망하였다. 정부는 퇴직하는 교육자들에게 훈·포장을 수여하는데, 교육계 재직기간에 따라 등급이 정해진다. 하동호는 사후 1995년 2월에 국민훈장 석류장을 받았다.

최덕교

『학원』의 영원한 편집장, 잡지사 정리

전쟁 중 대구에서 학원 입사

2012년 11월 1일 잡지의 날에 은관 문화훈장을 받은 최덕교(崔德敎, 1927.10.15~2008.8.11) 선생은 『학원』의 영원한 편집장이었다. 그는 청소년 교양잡지 『학원』이 창간(1952.11)된 지 한 달 뒤인 12월부터 김익달 사장의 지도를 받으면서 『학원』을 비롯한 여러 잡지와 대백과사전 등의 대형 출판물을 편집했다. 한국의 잡지 르네상스 시절이었던 1950년대에 활약하면서 학원사의 부사장까지 올랐던 잡지인이었다. 학원사를 그만둔 뒤에는 출판사 창인사를 창업하였지만 그는 늘 학원사 편집장 경력을 가장 자랑스러워했다. 말년에는 한국 잡지사를 정리하는 큰 업적을 남겼다. 잡지를 사랑하는 마음으로 70대의 나이에 『한국 잡지 100년』이라는 3권 분량의 된 큰 책을 낼 수 있었던 것이다.

최덕교는 전쟁 중이던 1952년 12월 초 어느 날 대구에서 길을 걷다가 우연히 발견한 사원모집 공고를 보고 응시하여 학원사 편집부원으로 잡지 인생을 시작했다. 그는 당시를 이렇게 회상했다.

전쟁은 언제 끝날지도 모르고 그저 지루하기만 했던 어둡고 우울한 시절, 피란지 대구에서의 일이었다. 그때 나이 스물여섯, 잡지가 무엇인지도 모르고 참으로 우연하게 얻은 일자리였다.

최덕교가 입사했을 당시는 『학원』이라는 독립된 잡지사가 아니라 '대양출판사'가 발행하는 잡지였다. 창간 11월호와 12월호까지 지령 2호가 발행된 시점이었고, 편집실은 삼덕동 29번지 남의 집 뒷마당을 빌려 지은 여덟 평 쯤 되는 판잣집에 책상 여섯 개와 난로만으로 꽉 차는 방이었다. 시인 장만영(주간)과 김성재 편집장(후에 일지사 사장)이 2호까지 발간한 후에 물러나고 편집장은 남소희였다. 1953년 6월호를 내고 나서는 남소희 마저 사표를 내자 최덕교가 편집장을 맡았다. 입사 6개월 남짓, 아직 잡지 편집을 어떻게 하는 것인지도 모르는 초보 편집자가 맡은 중책이었다.

최덕교는 성실한 인물이었다. 그는 정성을 다하고 창의력을 발휘하여 잡지를 기획하고 편집했다. 토요일 밤차를 타고 부산으로 가서 이튿날 종일토록 여기저기를 누비면서 바다 건너온 일본 잡지들을 이것저것 사모아 한보따리를 꾸렸다. 그리고는 다시 밤차로 돌아왔다. 며칠 밤을 두고 그 잡지들을 훑어보고는, 그중 몇 가지는 분해까지 해보았다. 읽을거리, 오락 취미, 교양물 등의 분야별 분량이 얼마나 되는 지 등을 나름대로 정리해 본 것이다.

그는 사장에게 건의했다. 본문 100페이지를 150페이지로 늘리고 읽을거리를 대폭 신자고 했고 사장은 흔쾌히 받아들였다. 편집 경력이 일천했던 26세 청년 편집장 최덕교

『학원』 잡지의 영원한 편집장 최덕교.

보다 열한 살 위였고 모험적인 출판인 김익달(1916.5.9~1985.11.2)은 편집자와 경영주로서 호흡이 잘 맞았다. 학원사는 장학사업, 문예작품 모집 등의 사업을 벌이면서 학생을 위한 잡지를 만들어 독자를 늘려나갔다. 최덕교는 입사하기 전에 연재가 시작된 「홍길동전」(정비석), 「노틀담의 꼽추」(김광주)와 만화 「코주부 삼국지」(김용환) 등 세 가지 연재물에 「일곱별 소년」(최인욱), 「돈키호테」(이원수), 「월계관」(방춘해)을 더하고 김성환의 만화 「꺼꾸리군 장다리군」을 새로 내세워 7대 연재물을 만들었다. 연재물 가운데도 「꺼꾸리군 장다리군」은 2년 넘게 25回까지 연재되는 동안 특히 인기가 높았다.

『학원』은 호를 거듭할수록 발행부수가 가파르게 뛰어올랐고 페이지를 늘리면서 내용을 더욱 알차게 꾸려나갔다. 창간 1주년 기념호까지는 대구에서 발행하고 1953년 12월호는 편집장 최덕교 혼자 서울에 올라와서 어렵사리 편집하고 조판하여 만든 지형

을 사장 김익달이 열차에 싣고 대구로 내려가 인쇄하는 과정을 거쳐 잡지를 발행하였다. 잡지는 날개 돋친 듯이 팔렸다. 1954년 8월호는 무려 8만 부를 발행하는 기록을 세웠다. 당시 일간신문을 능가하는 발행부수였다.

일간지 능가하는 발행부수

1954년 1월호에는 제1회 학원문학상 발표가 있었다. 전국에서 편집부로 배달되는 5천여통의 응모작을 편집장 최덕교와 몇 사람 편집자들이 분담하여 초선 작업을 하고 본 심사는 문단의 중진들에게 위촉했다. 학원문학상과 다달이 뽑는 '학원시단' 시 부문 심사위원은 조지훈, 양명문, 장만영, 박두진, 김용호, 박목월, 노천명, 조병화, 김규동, 박남수였다. 산문은 마해송, 정비석, 최정희, 김동리, 최인욱이 심사를 맡았다. 학원사가 제정한 '전국 중고등학생 미술전람회'의 심사위원으로 위촉된 유명 화가들을 접할 기회도 많았다. 문인, 화가, 교수와 같은 일류 필진을 많이 접할 수 있었던 것은 잡지 편집자 최덕교로서 큰 자산이었다.

『학원』은 중견 문인들이 글을 쓰는 발표무대이자 따뜻한 마음으로 학생들의 정서를 북돋우면서 어루만지고 지도하는 교실이었고, 전국 중고등학생들이 얼굴을 보지 않고도 친구가 되는 사교장이었다. 최덕교는 이렇게 회상했다.

학원은 이 강산 어느 마을 어느 집에서도 마음의 꽃인 양 피고 있었다. 더구나 그중에서도 '학원문단'은 그들 자신이 자유롭고 싱싱하게 가꾸어놓은 찬란한 꽃밭이었다. 청춘의 어구에 들어선 그들의 부풀어 오른 꿈과 기쁨과 그리고 슬픔마저도 숨김없이 또 남김없이 이 '학원문단'에 심어놓아졌으니, 그것이야말로 백화난만의 꽃동산 그대로였다.

최덕교는 학원문학상의 수상자에게 각별한 애정과 관심을 지니고 있었다. 그래서 학원이 발행을 중단했던 바로 그 시점인 1961년 10월에는 『바람, 기(旗)를 올리다』라는 이름으로 '학원문단 10년 선집'을 편찬하였다. 학원사의 모태였던 대양출판사에서 발간한 이 책에는 창간 다음호인 1952년 12월호부터 1961년 9월호까지 10년 동안 '학원문단'에 실었던 학생 시 총 600여편 가운데 333편을 골라 주제별로 10장으로 나누어 편집했다. 이때는 '학원문단' 출신이 문학전문 잡지나 신문의 신춘문예를 통해 기성 문단에 등단하여 정식 시인이 된 사람이 17명에 이르러 이들은 '학원파'로 불릴 정도의 숫자가 되어 있었다. 최덕교는 『학원』이 1961년 9월부터 발행을 중단한 후에 학원사를 떠나 자신이 창업한 출판사 창조사에서 같은 책을 『시의 고향』으로 제목을 바꾸어 1989년 5월에 두 번째로 발행했다.

대구의 백면서생 최덕교로서는 원고청탁에서 삽화, 사진 등을 곁들이는 편집 과정을 거치는 귀한 경험을 할 기회를 얻는 동시에

'학원문단'을 통해서 전국의 학생 독자들과 가족 같은 유대를 지닐 수 있었다.

대백과사전 편찬

학원사의 사세는 갈수록 번창하여 1955년 4월에는 '주식회사 학원사'를 설립하고 이어서 독자를 달리하는 새 잡지를 연달아 창간했다. 9월에는 여성 잡지 『여원』을, 12월에는 대입 수험생을 위한 수험 교양지 『향학』을 창간했고 다양한 종류의 책도 출판했다. 학원 잡지를 발판으로 사세가 확장되는 동안 최덕교는 『학원』 편집부장에서 주간으로 승진했고, 새로 창간하는 『향학』 주간을 맡았다.

사장 김익달은 1957년 말 국내 초유의 대백과사전 편찬을 계획하면서 가장 신임하는 편집자이자 큰일을 추진할 능력을 지닌 최덕교에게 작업을 맡겼다. 1958년 1월 최덕교는 대백과사전 편찬부의 책임을 맡은 주간으로 국내 초유의 백과사전 편찬에 몸을 던졌다. 당시 학원사 편집국 인원은 20명 정도였는데, 백과사전은 처음 5명에서 10명, 20명으로 점점 불어나서 가장 많았을 때는 48명에 이르게 되었다. 학원사의 사세를 백과사전 편찬에 쏟아 부은 것이다.

최덕교는 편집진을 진두지휘하고 수많은 전문 집필자들과 접촉하여 복잡한 사전편찬을 성공적으로 수행했다. 학원사보다 인력도 많고 최고 인쇄시설까지 갖추어 여건이 훨씬 좋았던 동아출판사도 백과사전 발간에 뛰어 들었으나 김익달-최덕교의 콤비는 유리한 입지에서 출발한 경쟁사를 물리치고 1958년 9월 15일에는 백과사전 제1권을 출간하는 기적을 이루어 내었다. 권위 있는 여러 분야 전문가 430여 명이 집필한, 본문 960여 페이지에 별쇄 원색판, 단색 사진판, 다색 지도 등 54페이지를 합쳐서 총 1천 페이지가 넘는 당당한 모습의 사전을 출간한 것이다. 1년 후인 1959년 5월에는 전6권을 완간하여 국내 최초였을 뿐 아니라 세계에서 아홉 번째로 백과사전을 출판한 나라가 되었다.

백과사전은 영업 면에서도 큰 성공을 거두었다. 1만 부를 인쇄한 사전은 여러 판을 더 찍었고, 찬사의 서평이 주요 언론을 장식했다. 6권을 출간한 후 두 권의 증보판을 내고 최덕교가 학원사를 떠난 뒤 1960년대와 1970년대에는 전12권, 전15권, 그리고 전20권으로 늘어났다. 최덕교는 "내 인생을 돌아보아도 그때처럼 신바람을 내며 일한 적이 없다"고 말할 정도로 열과 성을 다하여 사전편찬에 몸을 불살랐다.

1958년 9월 최덕교는 학원사의 부사장으로 승진했고, 1960년 8월에는 어린이 일간신문『새나라신문』을 창간하면서 주간을 맡았다. 하지만 4·19 직후에 쏟아져 나온 많은 신문 가운데 어린이 신문이 성공을 거두기는 어려웠다.『학원』도 발행을 중단하지 않을 수 없는 상황이 다가오고 있었다.

잡지-출판계의 원로 역할

최덕교는 1963년에는 잡지 일선에서 사실상 물러났다. 김익달이 의욕적으로 창간한 농촌잡지『농원』(1963.5), 여성잡지『주부생활』(1965.4)의 편집고문과 대한출판문화협회 기관지『출판문화』(1965.4) 창간 편집위원으로 활동했고, 1970년 11월에는 출판협회가 공동출자한 주간『독서신문』의 창간 운영위원을 역임했다.『독서신문』의 초대 사장은 김익달이었다.

1969년 2월 도서출판윤리위원회가 발족할 때에는 출판계가 선정한 윤리위원으로 임명되었다. 정진숙(鄭鎭肅, 출판협회 회장), 황종수(黃宗洙, 출판협동조합 이사장), 권기주(權基周, 남산당 사장), 조상원(趙相元, 현암사 사장)과 최덕교가 출판계 윤리위원이었다.

최덕교는 잡지 출판계의 원로 반열에 올라 한국출판학회의 '한국출판학회상'(1978.11, 제5회)을 수상했고, 간행물윤리위원회 특별상(2005.10), 1993년 12월 30일에는 '책의 해' 사업 유공자로 문화관광부로부터 옥관문화훈장을 받았다. 문화훈장은 문화 · 예술발전에 공을 세워 국민 문화향상과 국가발전에 기여한 공적이 뚜렷한 자에게 수여하는 것인데 금관, 은관, 보관, 옥관, 화관으로 등급이 정해져 있다. 그의 사후인 2012년 11월에 은관문화훈장을 받았으니 등급이 더 높은 훈장을 두 번째로 받은 것이다.

최덕교는 원로 출판인 친목 단체 사간회(思刊會, 1982.10.15 창립)의 창립에 참여했다. 사간회는 평생 출판을 생각한다는 취지로,

20년 이상의 출판 경력을 지닌 60대를 주축으로 70대 원로들로 구성된 모임이었다. 창립 회원은 51명이었는데 최덕교는 1999년에 제9대 회장에 선출되어 출판계의 원로들과 우의를 다지는 가교 역할을 맡았다. 최덕교는 김익달 추모비 건립(1988.10.29)을 주도했고, 을유문화사를 창업한 정진숙(鄭鎭肅) 미수연(1999.11.17)을 출판문화협회, 사간회, 출판금고가 공동으로 주최했을 때에도 사간회 회장 자격으로 참여했다.

한국잡지 100년 사료집 발간

잡지계의 산 증인 최덕교에게는 마지막 할 일이 남아 있었다. 한국 잡지사를 정리하는 작업이었다. 그는 1997년 5월 잡지협회 기관지 『잡지뉴스』에 「한국잡지 100년 이야기」를 연재하면서 잡지사 정리에 손대기 시작했다. 2001년 6월호까지 잡지의 역사 40회를 연재하여 일단락을 지은 다음에 3년여 동안 이를 보완하여 2004년 5월, 7년에 걸친 작업 끝에 3권으로 된 『한국잡지백년』(현암사)이란 제목의 방대한 사료집을 펴냈다. 최덕교의 나이 77세였다.

『잡지뉴스』에 연재한 원고가 3,750장이었으니 그 분량만으로도 큰 책 한권이 될 정도였다. 그는 아무도 가지 않은 길에 도전하기를 두려워하지 않는 성격이었고 잡지 편집과 백과사전 편찬에 축적한 노하우가 있었다. 찾아내고 정리하고 분류하는 기술이었

최덕교 편 『한국잡지백년』 1~3.

다. 시작했으니 "한번 미쳐보고 싶었다"고 그는 말했다. 칠순의 나이에도 미칠 수 있는 정력이 남아 있었던 것이다. 이리하여 잡지 수집가 김근수(세종대 도서관 소장), 백순재(아단문고 소장)의 소장본과 서울대, 연세대, 이화여대, 서강대, 고려대 도서관에 소장된 잡지들을 추가하여 아직 아무도 해 내지 못했던 사료집을 완성하였다.

3권의 사료집에는 1896년에 창간된 한국 최초의 잡지 『대죠션독립협회회보』에서 1953년 6·25전쟁 휴전 때까지 출간된 384종의 잡지를 66개 장으로 분류하였다. 창간호를 중심으로 개별 잡지의 서지사항을 밝히고 창간취지, 목차, 주요기사 등을 소개하였다. 200자 원고지 8,500여 장에 이르는 방대한 분량이었고, 표지와 인물 사진 등 570여 종의 도판을 함께 수록했다. 사료집 정리를 위해 최덕교는 여러 도서관을 이용했지만 백순재가 수집한 아단문고의 장서를 가장 많이 활용했다.

최덕교는 『한국잡지백년』을 증정하는 글에서 자신을 '1953년 중고생잡지 『학원』 편집장'으로 밝혔을 정도로 학원 편집장이었던 시절을 자랑스러워했다. 책 1권 맨 앞쪽 한 페이지에 실은 글은 짧지만 우리나라 잡지를 바라보는 그의 자부심과 애정이 담겨 있다.

서양 선진국의 첫 잡지는 실용 위주로 나왔지마는
우리나라에서 나온 첫 잡지는
기울어진 나라를 바로세우고자 자주독립을 외치며 나왔다.

그해 11월 12일 금요일 저녁, 서울 시청 앞 플라자 호텔에서 출판기념회가 열렸다. 출판기념회는 사간회 주최였는데, 최덕교는 80여 명 초청자의 좌석을 분야별로 신경 써서 배치하였고, 저자 자신이 참석자를 한 사람씩 소개해 주었다. 출판인, 편집자, 잡지인, 북 디자이너, 교수 등 잡지 출판문화와 관련이 있는 사람들이 고루 모인 품격 있는 자리였다. 최덕교와 같은 또래 원로들보다는 중견층에 속하는 현역 출판 문화인이 많았다. 저자 최덕교의 깔끔하고 빈틈없는 성격을 그대로 보여주는 자리였다. 이처럼 격조 높은 출판기념회는 신문사 문화부에서 취재라도 나왔으면 좋았을 텐데, 하는 생각이 들었으나 기자는 하나도 보이지 않았다. 많은 사람을 불러 모으는 허세를 부리지 않고 책의 가치를 아는 사람과 함께 필생의 역저 출간을 자축하고 싶었기 때문일 것이다.

『학원』은 '학원세대'의 기억 속에 아련한 추억을 남긴 채 사라졌지만 최덕교는 자신이 정열을 불태웠던 학원의 편집정신, 학생 문예 사업, 장학사업에 대한 자부심과 사랑을 죽는 날까지 소중하게 간직했다. 2005년에는 부부 이름에서 한 글자씩 딴 '순덕회' 명의(부인 백금순)로 학원장학회에 1억 원을 기부했고, 2008년 사후에 유족이 15억 상당의 창조사 사옥을 밀알회(학원장학회 출신들이 조직한 장학회로 학원장학회와 통합하여 운영)에 기증했다. 사후에도 최덕교는 학원사와의 인연을 영원히 이어가고 있는 것이다.

참고문헌

『원로출판인모임 사간회 30년사』, 사간회, 2012.

최덕교, 「후기 · 10년 여적(餘滴)」, 『바람, 기를 올리다』, 대양출판사, 1961.

_____, 「엮고 나서, 그 시절 이야기」, 『시의 고향』, 창조사, 1989. 같은 글이 『출판저널』 1989년 6월호에도 실림.

_____, 「대백과사전이 나오기까지」, 『학원세대와 김익달』, 학원 김익달전기 간행위원회, 학원사, 1990.

_____, 「30대 청년 김익달 어른」, 『학원밀알』, 학원밀알장학재단, 2005. 같은 내용이 「중고등학생들의 큰 마당 학원」, 『한국잡지 100년』, 제3권에도 실림.

_____, 「머리말」, 『한국잡지백년』 제1권, 현암사, 2004.

_____, 「발문」, 『한국잡지백년』 제3권, 현암사, 2004.

박해현, 「87세 원로가 17년간 '잡지역사' 총 정리 / '한국잡지백년' 펴낸 출판인 최덕교 씨」, 『조선일보』, 2004.6.7.

정은령, 「1896~1953년 발간 잡지 창간호 소개 / 카페 여급-기생-백정도 동인지 만들어 / 7년 작업 끝 '한국잡지백년' 펴낸 최덕교 씨」, 『동아일보』, 2004.6.8.

이진주, 「'학생사랑' 아버지의 유산 15억 기부 / '학원' 편집장 지낸 잡지계 거목 최덕교 씨 유족 서울 신문로 창조사 사옥을 장학재단에 쾌척」, 『중앙일보』, 2008.12.16.

모리스 쿠랑과 언더우드

외국인들이 만든 한국학 서지

서양인의 서지 작업

서양에서는 일찍부터 문헌목록과 색인 작업의 중요성을 인식하고 있었다. 영국에서는 1877년에 '색인의 아버지'로 불리는 헨리 휘틀리(Henry B. Wheatley)의 주도로 색인협회(The English Index Society)가 결성되었다.[1] 협회는 몇 건의 목록과 색인집을 발행하였으나 기금 부족으로 1890년에는 비슷한 기능을 지녔던 영국기록협회(The British Record Society)에 통합되었다.[2] 하지만 1957년에는 인덱서협회(The Society of Indexers)가 다시 창립되었다. 이 단체는 이듬해에 *The Indexer*라는 연 2회 발행 기관지를 창간하여 20년이 지난 후에는 60여 개 나라에 배포되기에 이르렀고, 후에 창립되는

---

1 Ruth Canedy Cross, *Indexing Books*, Word Guild, Inc., 1980, pp.5~6.
2 G. Norman Knight, *Indexing, The Art of*, George Allen & Unwin, 1983, p.188.

미국과 호주의 색인협회도 이 저널의 협약 단체가 되었을 정도로 색인 작업의 국제적 정보 전문지로 성장했다.

1960년에는 영국도서관협회(The Library Association)가 도서관 사서와 색인을 잘 만든 사람에게 휘틀리 메달(Wheatley Medal)을 수여하기 시작했다.[3] 미국과 캐나다는 미국인덱서협회(The American Society of Indexers)를 결성(1968)하였다. 문헌해제, 색인, 연표작성 등의 직업에 종사하는 전문가들이 스스로를 존중하는 풍조에서 나온 제도가 정착된 것이다.

서양 사람들이 한국학 관계 색인 작업을 우리보다 먼저 개척하였던 것도 이처럼 색인의 중요성을 인식하고 있었던 배경이 작용하였기 때문이다. 1882년에 출판된 그리피스(W. E. Griffis)의 『은자의 나라 조선(Corea, The Hermit Nation)』에는 한국 관련 문헌목록과 간략한 해제가 7페이지에 걸쳐 수록되어 있다. 문헌은 영어를 비롯한 서구어, 일본어, 중국어로 되어 있는데, 그리피스는 자신이 책을 쓰는 데 도움이 된 중요도에 따라 별표 한 개(*), 두 개(**), 십자가(†)의 순으로 표시했다. 게일(James S. Gale)의 『전환기의 한국(Korea in Transition)』(1909)에도 문헌목록과 함께 간략한 해제가 붙어 있다.

프랑스 외교관 모리스 쿠랑(Maurice Courant, 1865.10.12~1935)이 1890년에 불어로 편찬한 『한국서지(書誌; Bibliographie Coréenne)』는 서구어로 된 최초의 목록이면서 분량이 방대하고 문헌적 가치가 크다. 이 서지는 쿠랑이 상관인 주한 프랑스 공사 꼴랭 드 플랑시(Victor

---

3 G. Norman Knight, *Indexing*, pp.199~201.

Collin de Plancy)의 조언에 따라 착수하였으며, 천주교 서울 대교구장 뮈텔(Gustave Charles Marie Mutel)의 도움을 받아 작성했다. 이 서지는 3 분의 1 정도를 플랑시가 작성한 상태에서 쿠랑에게 인계했기 때문에 쿠랑은 플랑시에게 공저로 내자고 제의했지만 플랑시는 "나는 너에게 임무를 줬을 뿐"이라며 이를 거절했다는 설도 있다.[4]

당시 서양 사람들은 한국에서 일찍부터 책이 발행되고 있다는 사실을 모르는 상황이었고, 고려시대에 세계 최초로 인쇄술이 시작되었던 역사는 상상조차 못하고 있었다. 한국인들과 잦은 접촉을 할 기회를 가진 서양인들과 한국어를 배우는 외국인들도 한국 문학의 존재를 거의 알지 못하던 때였다.

쿠랑의 프랑스어 『한국서지』

쿠랑은 광범위한 자료를 섭렵하면서 한국의 서지를 작성했다. 플랑시가 수집하였다가 후에 파리의 동양어학교(Ecole des Langues Orientales) 도서관에 기증한 장서를 비롯하여 서울의 책방을 모두 뒤지면서 흥미 있는 책들은 사들이고, 상세한 설명을 붙였다. 파리에서는 1866년 병인양요 때에 프랑스 동양함대 사령관 로즈(Ross) 제독이 강탈해간 서적들, 런던의 대영박물관에 소장된 도서

---

4 이선주, 「불 외교관과 조선 궁중 무희의 비극적 사랑」, 『주간조선』, 1995.8.3; 이진명, 「쿠랑, 유럽 한국학의 선구자」, 『한국사 시민강좌』 34, 2004, 48쪽.

모리스 쿠랑

와 일본 도쿄의 서점과 도서관에서 조
사를 진행하였다. 이리하여 서울에서
책을 파는 가게의 모습, 서울의 종로에
서 남대문까지 곡선으로 이어지는 큰 거
리에 위치하고 있는 책방들, 당시에 유
통되던 책의 상태, 책의 제본과 한국의
고활자 등을 소개하였다.

쿠랑이 한국에 주재했던 시기는 1890
년 5월부터 1892년 1월까지였으므로 겨우 1년 10개월의 짧은 기간
에 지나지 않았다. 그러나 그는 한국을 떠난 후에도 작업을 계속하
여 3,821종 도서의 서지사항을 정리하여 4권으로 정리한 기념비적
인 업적을 남겼다. 그는 머리말에서 이 서지를 작성한 과정을 다음
과 같이 기술했다.

이 저술이 시작된 서울에서, 그것이 계속된 북경과 파리에서, 그
리고 마침내 끝낸 도쿄에서 나는 내 능력이 닿는 한 조사의 어떤 방
법도 게을리 해서는 안 된다는 점을 의식하고 있었다. 그러므로 나는
독자들의 관용을 바라며 내가 겨우 개척된 길을 걸었다는 점을 기억
해 주기를 바란다.[5]

쿠랑은 일생 동안 103편의 저술을 남겼는데 그 가운데 21편이

---

5   이희재 역, 「원저자 머리말」, 『한국서지(韓國書誌)』, 일조각, 1994.

한국학 관련 내용이다.[6] 쿠랑의 서지는 1974년에 『한국의 서지(書誌)와 문화』(박상규 역, 신구문화사)라는 제목으로 서설(序說)과 주요 참고서목이 번역 출간되었고, 원전 1, 2권이 처음 출간된 지 정확히 100년 만인 1994년에 서지학 전공 숙명여자대학교 이희재(李姬載) 교수가 완역하면서 새로운 해석과 주를 붙이는 힘든 작업 끝에 한국어 번역판이 발행되었다.

쿠랑이 『한국서지』에 쓴 「서론」은 한국문화사로 평가할 수 있을 정도로 한국학 전반에 걸쳐 광범위하게 살펴본 논문이다. 한국의 한문자 유입과 멀리 신라의 설총이 고안했다는 이두(吏讀)의 기원에 이르기까지 깊이 있게 고찰했다. 전근대적 신문의 기원으로 보는 조보(朝報)에 사용되는 문장이 한자를 사용하면서도 이두식으로 표기되었다는 사실도 밝혔다. 그의 한국문화 전반에 걸친 깊은 연구는 감탄을 금치 못할 정도이다. 이 책은 한국학 연구 분야의 바이블이라 할 수 있을 정도라는 평가도 나온다.[7]

언더우드의 서구어 문헌목록

영어로 편찬된 가장 방대하고 본격적인 문헌목록은 1930년에 언더우드(Horace H. Underwood, 1890~1951)가 작성하여 영국 왕립아시아학

---

6 「머리말」, 위의 책.
7 이희재, 「'한국 관계 고서 찾기'서 수집한 희귀본 소개 12」, 『조선일보』, 1996.7.12.

회(Korea Branch of the Royal Asiatic Society)가 1931년에 발행한 『한국 관련 서구어 문헌목록(*Partial Bibliography of Occidental Literature on Korea*)』이다. 이 목록은 불완전한(partial) 목록이라고 스스로 겸손하게 제목을 붙였지만 한국과 관련된 논문과 저서를 망라하여 모두 2,842개에 이르는 서구어 문헌을 다음과 같이 분야별로 수록하고 저자 색인까지 첨부했다.

1. Early Works to 1880

2. Language and Literature

3. History, Politics and Government

4. Travel and Description

5. Ethnology, Social Conditions and Customs

6. Religions and Superstitions

7. Missions

8. Commerce and Industries

9. Art and Antiquities

10. Science and Special Studies

11. Fiction and Poetry

12. Periodicals

13. Minutes and Reports

14. Bibliographies

Addenda

Fifty Books on Korea

Author Index

언어별로는 영어 2,325, 불어 205, 독일어 186, 러시아어 56, 라틴어 38, 이태리어 15, 네델란드어 9, 스웨덴어 8, 계 2,842.

언더우드는 「문헌목록(14. Bibliographies)」 항에서 한국학 관련 목록을 소개했다. 이 가운데 중요 목록은 ① 랜디스 문고(Landis Library)의 20페이지(pp.41~61)에 달하는 소장도서

언더우드

목록, ② 일본 제실도서목록(帝室圖書目錄; *Bibliography of the Japanese Empire 1906~1925*)이다. 언더우드는 제실도서목록에 포함된 한국관련 500여 개 목록은 그때까지 편찬된 가장 완벽한 문헌이라고 설명했다.

4년 후인 1935년에는 영국인 곰퍼츠(Gompertz, G. st. GM.)가 언더우드의 목록에 누락된 문헌 369편을 모아 보유편을 작성하였다. 곰퍼츠는 1963년에 다시 언더우드의 목록을 더 보완하여 *Bibliography of Western Literature on Korea From the Earliest Times Until 1950* 라는 노작을 완성하였다. 목록의 표지에는 언더우드가 1931년에 출간한 목록을 토대로 만들었다고 밝히고 있다.[8] 이 목록은 263쪽에

---

8 문헌목록의 표지는 다음과 같이 되어 있다.

The First Section
of a Revised and Annotated
Bibliography
of Western Literature on Korea
From the Earliest Times Until 1950
Based on Horace H. Underwood's
"*Partial Bibliography*
of Occidental Literature on Korea"

2,276편의 저서와 논문을 8개 항목으로 분류하여 주요 문헌은 간단한 요약을 붙인 것이 특징이다.

곰퍼츠는 한국의 도자기와 서지학에 대하여 깊이 있는 연구 업적을 남긴 사람이다. 그는 셸(Shell) 석유회사 극동지점에 근무하면서 『한국의 도요예술(The Ceramic Art of Korea)』(1961), 『한국의 고려자기(Korea Celadon and Other Wares of Koryo Period)』(1963), 『한국 이조시대 도자기(Korean Pottery and Porcelain of the Yi Period)』(1966) 등을 저술하여 영국과 구미 여러 나라에 한국의 도예에 대한 인식을 새롭게 했다.

서양인이 만든 영어 정기간행물 색인은 엘로드(J. McRee Elrod)가 만든 잡지와 신문 색인 3책이 있다. 잡지 색인은 2책인데 *An Index to English Language Periodical Literature Published in Korea : 1890~1940*(1965년 발행)와 같은 제목의 속편으로 1941년부터 1968년까지의 잡지 색인(1969년 발행)이다. 1890년 7월에 창간된 *The Morning Calm*부터 국내에서 발행된 각종 영어 잡지의 색인이다. 신문 색인은 *An Index to English Language Newspaper Published in Korea : 1896~1937*(1966년 발행)인데 1896년에 창간된 『독립신문』 영문판 *The Independent*를 비롯하여 『대한매일신보』 영문판 *The Korea Daily News*(1904년 창간), 1905년부터 1937년 5월까지 발행된 *The Seoul Press*에 이르는 기간의 영어 신문의 색인이다. 두 종류의 색인은 모두 국회도서관 발행이다.

마에마 교사쿠

40년 걸린 노작 『고선책보(古鮮冊譜)』

서지학자이면서 한국어 학자

일본인 마에마 교사쿠(前間恭作, 1868.1.23~1942.1.2)는 서지학자이자 중세 이전의 한국어를 연구한 국어학자였다. 마에마의 대표저작은 『고선책보(古鮮冊譜)』지만 그 외에도 여러 편의 논문과 저작으로 한국학 연구에 독창적인 업적을 남겼다. 그의 『고선책보』 3권은 "일본이 한국을 지배한 동안에 남겨진 한국연구의 금자탑의 하나"로 평가받는다.[1]

이두(吏讀)를 해독한 최초의 일본인 언어학자 오쿠라 신페이(小倉進平, 1882~1944)와도 학문적으로 교류가 있었다. 오쿠라는 자신의 연구는 마에마의 도움을 받았다고 말했다.[2] 오쿠라는 경성제

---

1 이홍직, 「前間恭作 編 - 古鮮冊譜 3책」, 『아세아연구』 Vol.1, no.2, 174쪽.
2 「신라어 연구 위해 말타고 단이며 방언 채집」, 『매일신보』, 1942.10.19.

마에마 교사쿠. 대한제국의 훈 4등 훈장을 받았다.

국대학, 도쿄제국대학 교수를 역임하였고 고대 조선어, 조선어 방언 연구 등을 통해 조선어학 발전에 기여하였던 인물이다.

마에마는 일본 대마도의 이즈하라(嚴原)에서 태어났다. 1876년에 이즈하라소학교에서 2년 동안 수학한 후 1879년 1월에는 이즈하라 중학교에 진학했다. 마에마는 이 학교의 한국어 겸수(兼修)과정을 수학하여 1880년 7월 31일 자로 한어학(韓語學) 4급 졸업 면장(免狀)을 받았고, 1881년 3월 16일에는 일본학부 2년 졸업장을 받았다. 1881년 4월 이즈하라 중학교에는 한국어 과정이 확충되어 '한학부(韓學部)'가 설치되었는데 마에마는 한학부 최초의 학생이 되어 한국어 공부에 전념한 끝에 1882년 7월 31일에 이 과정을 졸업할 때에는 특별히 2년 과정의 졸업증서를 받았다. 한학부에는 전경옥(全慶玉)이라는 한국인 교사와 한국어를 가르치는 일본인 교사가 있었는데, 마에마는 졸업 후에도 전경옥에게 한국어를 배워 자유롭게 한국어를 구사할 수 있는 수준이 되었다. 1886년 7월에는 전경옥이 임기가 끝나 한국으로 돌아오자 마에마는 그를 환송하기 위해 처음으로 부산에 다녀갔다.

일본으로 돌아간 마에마는 나가사키(長崎)로 가서 1886년 7월부터 이듬해 8월까지 미국인이 경영하는 '가부리세미나(학교)'에서 영어를 배웠다. 선교사가 세운 이 학교는 학생이 3인이 지나지 않는 작은 규모였다. 마에마는 한문, 한국어, 영어를 습득하였으므로 후에 향가를 비롯하여 한국학과 서지학 연구를 위한 기초를 다진 것이다. 1888년 4월에는 도쿄로 가서 게이오의숙(慶應義塾)에 입학하여 1891년 4월에 졸업했다.

외무성 선발 조선유학생

마에마는 이해 7월 일본 외무성의 조선유학생 모집에 합격하였다. 이리하여 1891년 11월 13일 서울에 도착하여 한국어 공부에 전념할 수 있었다. 유학생활 2년 반이 지난 후인 1894년 7월 24일에는 일본 영사관의 서기생으로 발령받아 인천에 주재하게 되었다. 한 달 전인 6월에 동학농민운동이 일어난 것을 계기로 일본이 조선 침략을 노골화했던 바로 그 시점이었다.

일본은 조선에 개혁(갑오개혁)을 강요하고, 조선과 청나라 사이에 맺은 통상무역장정(通商貿易章程)을 폐기하라고 요구하는 등 내정을 간섭하면서 지배권 확보를 도모하였다. 마에마는 이처럼 일본의 조선 침략이 본격화 되던 시기에 외교관으로 6년간 근무하였다. 그 기간에 마에마는 조선의 여러 사정을 현지에서 조사하는 일을 수행했던 기록이 남아 있다.

1895년 1월 주한 일본 공사 이노우에 가오루(井上馨)는 마에마의 조사활동을 보장하는 증명서 발급을 조선 정부에 요청했다. 일급 서기생 마에마가 경기, 충청, 전라도 전주 등지의 농상사정을 조사하러 떠나니 증명서를 발급해 달라는 것이었다. 마에마는 지방을 돌면서 농업과 상업의 형편을 조사했을 것이다.

1896년 11월에는 목포항 개항에 대비하여 일인 거류지를 설계할 현지상황 등을 조사했다. 이때에 인천항 해관장(海關長) 오스본(Osborn)이 목포의 개항 준비를 위하여 기선 현익호(顯益號)를 타고 출발하였는데 마에마는 이 배에 편승하여 목포로 가서 8일 동안 머무르면서 거류지 관련 기초자료를 수집했다. 마에마가 인천 주재 영사 이시이(石井菊次郞)에게 제출한 「복명서」를 보면 아직 개발되지 않은 목포의 지형, 주민들의 생활상, 장래의 발전 전망, 영사관을 설치할 장소 등에 이르기까지 각 방면에 걸쳐서 아주 소상하게 관찰하였던 것으로 나타난다. 그의 관찰력과 꼼꼼한 성격이 드러나는 보고서였다.

마에마가 목포 현지조사를 실시했던 시기보다 6개월 전 같은 해 5월에 러시아가 목포와 진남포 조계지(租界地) 근방 4방으로 10리를 매입하겠다(買)고 요구한 일이 있었다. 프랑스는 이때 평양의 석탄광 하나를 채굴하여 경의선 철도부설에 사용하겠다고 요구했다. 프랑스는 이미 1896년 6월에 경의선 철도 부설권을 얻어 가지고 있었다. 이에 대해서 배재학당 학생들이 발행하던 『매일 신문』이 1896년 5월 17일 자(제33호)에 러시아와 프랑스의 요구가 부당함을 지적하고 대한제국 정부의 잘못된 대외 교섭 태도를 비판했다. 이 무렵 일본은 목포의 개항에 대비하여 마에마를 파견하여 사전조사를 실시했던 것이다.

1900년에 마에마는 주 시드니 일본공사관으로 전임하였다가 이듬해 다시 한국으로 돌아와서 공사관의 2등 통역관이 되었다. 1904년에 일어난 러일전쟁 이후에는 일본의 한국 침략이 더욱 가속화되었다. 1905년의 을사늑약 이후 일본이 서울에 통감부를 설치하였을 때에 마에마는 통감부 통역관에 임명되었다. 대한제국 정부는 1904년 3월 20일 마에마에게 훈5등(勳五等)을 서훈하였다가 1907년 11월 26일에는 훈4등으로 올려 서훈했다.

1908년 6월 15일부터 4일간 영국인 배설(裵說, Ernest Thomas Bethell)이 서울 영국총영사관에서 재판을 받을 때에 마에마는 한국어와 영어 통역을 맡았을 정도로 영어에도 능통했던 것 같다. 나가사키에서 영어를 배운 적이 있고, 호주 주재 일본공사관에서 1년 정도 근무한 경력이 있기는 하지만 영국인 법관들이 진행한 재판에 통역을 맡을 정도의 영어실력이라면 마에마는 어학에 타고난 소질이 있었던 인물임을 알 수 있다. 통역관으로 근무하는 동안에 마에마는 개인적으로 조선의 전적(典籍)을 수집 정리하면서 서지학 연구의 기초작업을 했을 것이다.

1910년 8월 29일 일본이 한국을 강제로 합병한 후에 마에마는 통감부 통역관에서 총독부 통역관으로 신분이 바뀌었다가 1911년 3월에는 사임하고 일본으로 돌아갔다. 하지만 한국과의 인연이 끊어진 것은 아니었다. 한국을 떠나던 당시의 나이는 43세. 아직 학문연구에 왕성한 활동을 할 수 있는 장년이었다. 그가 무슨 이유로 총독부 통역관을 사임하고 일본으로 돌아갔는지는 알 수 없지만 조선에 체류하는 동안 수집한 방대한 자료를 정리하여 연구에 전념할 계획이 아니었는지 추측할 뿐이다. 일본으로 돌아가서는 몇 년 동안 규슈의 하카다(博多)에서 내국저축은행 지점장으로 근무하다가 도쿄로 가서 완전히 연구에 전념하였다.

한국에 체재하는 기간인 1905년에『교정 교린수지(交隣須知)』를 공저로 출간했고,『한어통(韓語通)』(1909)을 저술했다. 일본으로 돌아간 후에는 한국학 관련 논문과 저서를 꾸준히 발표했는데 모두가 그 분야 최초이면서 깊이 있는 업적이었다.

일본에서 출간한 연구서

1924년부터 마에마는 일본에서 학술적으로 무게 있는 저술과 논문을 연달아 발표하기 시작했다.『용가고어전(龍歌古語箋)』(1924),『계림유사여언고(鷄林類事麗言攷)』(1924)과 같은 저술과 논문으로「삼한 고지명고보정(三韓古地名考補正)」(1925),「약목석탑기(若

木石塔記)의 해독(解讀)」(1926) 등이었다. 어학을 토대로 역사연구도

진행하여 1926년에 발표한 「신라왕의 세차(世次)와 그 이름에 취

(就)하여」는 신라사 연구에 특출하게 뛰어난 노작이었다. 「이두편

람에 관해서(吏讀便覽に就て)」(1929.2)도 발표했다.

　　마에마 필생의 역작은 『고선책보(古鮮冊譜)』 3권이다. 마에마

가 40년에 걸쳐 수집한 목록을 정리 편찬한 노작으로 3권을 완간

하는 기간도 13년이 걸렸다. 첫 권은 마에마가 죽기 전 해인 1941

년 말에 조판을 시작하여 1944년 4월에 출간되었다. 일본이 세계

제2차 대전을 치르던 어려운 시기였다. 그로부터 10년의 공백이

있은 다음에 1956년 3월에 제2권, 1957년 3월 제3권의 출간으로

완간이 되었다. 편자와 출판 담당자의 장기간에 걸친 각고의 노력

이 결실을 맺은 것이다. 순차적으로 출간한 3권의 책은 2,031페이

지의 방대한 분량으로 수록도서는 표제로 세운 것이 7,355종이었

고, 같은 표제 아래 배치된 이본(異本)이 24,998종으로 총 32,353

종에 달한다.[3]

　　마에마는 『고선책보』를 편찬하면서 모리스 쿠랑의 『한국서

지』, 규장각 장서목록 등 기존의 많은 서목을 두루 참고로 하였지

만, 저자가 특히 관심을 가지고 연구한 분야의 자료는 하나의 훌

3　서열기, 「고선책보의 서지적 연구」, 『서지학연구』 12집, 서지학회, 1996, 319~350쪽.
　　한편 윤남한은 『古鮮冊譜』에 표제가 붙은 韓籍은 3,291종, 書目만 내세운 것이 4,064
　　종, 계 7,355종이라고 집계했다. 『한국학』 제2집(중앙대 영신아카데미, 1971 봄)에 실
　　린 해제.

륭한 논문이 될 정도로 해제와 고증을 보탰던 것이다.[4]

마에마의 『조선의 판본(板本)』(1937)도 서지학상 매우 가치 있는 저술이었다. 이 책은 안춘근이 『한국판본학』(범우사, 1985.5.12)으로 이름을 바꾸어 번역하면서 주해, 수정, 서평을 추가하였다. 마에마는 『교주가곡집(校註歌曲集)』도 편찬하였는데 전집(前集) 8권, 후집 9권을 합하여 17권에 시조(時調) 1,745수, 가사(歌詞) 37편, 잡가(雜歌) 7편 등 도합 1,789수를 수록하였다. 『청구영언(靑丘永言)』, 『해동가요(海東歌謠)』, 『고금가곡(古今歌曲)』, 『남훈태평가(南薰太平歌)』, 『가사육종(歌詞六種)』, 『여창가요록(女唱歌謠錄)』, 『가곡원류(歌曲源流)』, 『가요(歌謠)』, 『정선조선가곡(精選朝鮮歌曲)』, 『시조류취(時調類聚)』 등 10종의 가집을 합하여 편찬하였다. 전 · 후집을 통하여 유전편(流傳篇)과 작가편으로 나누고, 유전편은 곡조에 따라 분류, 배열하였으며, 작가편은 작가명과 간단한 약전을 든 다음에 그 작품에 해당되는 곡조명을 표시하고 기록하였다.

마에마가 고서연구에 전념하면서 수집한 고서는 수천 권에 달했는데 유언에 따라 일본의 동양문고에 기증되었다.

---

4 『고선책보』의 서지학적 가치에 관해서는 이홍직, 「前間恭作 編 - 古鮮冊譜 3책」(『아세아연구』 Vol.1, no.2, 174~178쪽)을 인용하였다.

마키노 도미타로

식물학자가 남긴 신문 자료

식물표본을 감쌌던 방대한 신문

마키노 도미타로(牧野富太郎, 1862.5.22~1957.1.18)는 일본의 식물학자였다. 그는 학교교육은 거의 받지 못하였으면서도 일본 식물학의 아버지로 불릴 정도로 세계적인 식물학자가 된 입지전적 인물이다. 일본은 그가 태어난 2월 23일을 '식물의 날'로 정하고 공적을 기린다. 그런데 신문과는 관련이 없는 식물학자 마키노가 세상을 떠난 지 반세기가 흐른 후 엄청난 신문자료를 유산으로 남겨두고 갔다는 의외의 사실이 밝혀져 세상을 놀라게 했다. 식물 표본을 채집하면서 흡습지(吸濕紙, 일본은 おし葉)로 활용했던 폐신문이 측정할 수 없을 정도의 귀중한 가치를 지니고 있음을 뒤늦게 알게 된 것이다. 마키노가 식물표본 수집용으로 사용한 신문지의 분량과 종류는 방대하고 다양했다. 신문이 발행된 지역도 놀라울

정도로 광범위하였기 때문에 깊은 관심과 흥미를 느끼지 않을 수 없다. 수집품 가운데는 한말부터 일제 강점기 조선에서 발행된 신문도 적지 않아서 우리의 언론사(言論史) 연구에도 중요한 자료적인 가치를 지닌다.

2004년 여름, 도쿄대학 총합연구박물관은 특이한 신문전시회를 열었다. '프로파간다(PROPAGANDA) 1904~1945 – 신문지(紙) / 신문지(誌) / 신문사(史)'라는 주제였다. 일본어 발음으로는 紙, 誌, 史가 동일하다. 전시회 목록 가운데는 일제 강점기 조선에서 발행된 신문도 여러 종류 포함되어 있었다. 『조선일보』, 『동아일보』, 『매일신보』, 『경성일보』는 남아 있는 신문이다. 하지만 이름만 알려져 있을 뿐 이제는 볼 수 없는 일본어 신문 실물도 있었다. 서울에서 발행된 『조선신문(朝鮮新聞)』, 『경성신문(京城新聞)』, 『경성신보(京城新報)』, 『경성약보(京城藥報)』, 『경성일일신문(京城日日新聞)』, 『조선매일신문(朝鮮每日新聞)』과 지방에서 일인들이 발행하던 일간지 『부산일보(釜山日報)』, 『압강일보(鴨江日報)』(신의주), 『원산매일신문(元山每日新聞)』은 실물을 찾아보기 어려운 신문이다.

도쿄대학 전시회 도록(圖錄)에 실린 신문은 총 562점인데, 전부가 '마키노신문'은 아니었다. 다른 식물학자의 수집품 가운데 들어 있는 것도 있었고, 개인 소장품, 또는 월간 『中央公論』 출판부가 1920년대에 소장했던 신문도 있었다. 독일신문 『프랑크푸르트 자이퉁』(1925.1.1)은 도쿄대학 신문연구소가 폐기처분해서 고서점의 창고로 흘러 들어가 잠들어 있었는데 도쿄대학이 다시

회수해서 전시회에 출품한 경우였다.

'마키노신문'은 체계적으로 수집된 자료는 아니다. 채집한 식물표본을 감싸서 누르는 흡습지는 주로 그 무렵 현지에서 발행된 신문을 활용했다. 당시에는 대부분 폐지로 처분한 신문이었다. 그러나 세월이 흐르자 흡습지로 사용했던 폐신문은 귀중한 사료의 위치로 격상되었다. 채집된 식물표본 못지않은 중요성을 인정받은 것이다. 신문의 역사를 복원하고 당시의 시대상을 증언하는 일차사료의 가치를 지녔기 때문이다.

도쿄대학 신문 전시회의 『조선일보』 학예면

신문은 문자, 사진, 그림과 같은 자료를 종이에 인쇄해서 독자들에게 판매하는 상품(商品)이다. 객관적인 사실보도로 독자들에게 이 세상에서 일어나는 일들을 전달하고 논평한다. 거기에 광고 매체와 오락의 기능도 지닌다. 그러나 신문은 다양하고 고차원적인 역할과 함께 언론학 교과서에 나오지 않는 부차적인 중요한 기능도 지니고 있다. 그런 관점에서 도쿄대학 박물관은 신문을 서지학(書誌學)의 대상으로만 분류하지는 않았다. 어떤 신문을 언제 누가 창간하였는가를 따지는 연대기(年代記) 중심의 분류나, 논조(論調)가 어떠했는가 따위에 초점을 맞춘 전시회와는 달랐다. 도쿄대학은 다음 9개 기능으로 분류하여 전시했다.

보존(保存)용지로서의 신문 ─ 학술표본과 학술폐기물의 보존.

조형(造形)소재로서의 신문 ─ 가설(假設)미술(installation)의 시도.

전위예술로서의 신문 ─ 아방가르드 운동의 지원.

정치매체로서의 신문 ─ 이데올로기의 표명.

광고매체로서의 신문 ─ 디자인과 타이포그라피(typography).

기록매체로서의 신문 ─ 사진기사로 본 세상(世相).

에스페란토 유토피아 ─ 세계 공통어에 의한 프로파간다.

신문지면의 변천 ─ 요미우리신문의 사례.

신문의 국내분포 ─ 전국지와 지방지.

9개 분류 항목 가운데 앞의 3부류는 설명이 필요하다. 첫 번째 부류인 '보존용지로서의 신문'은 우리가 일상생활에서 무심결에 자주 활용하는 용도이다. 읽고 난 신문은 다양한 용도의 폐지(廢紙)로 활용된다. 옷이나 구두를 장기간 보관할 때에 신문지를 끼워두는 일은 지금도 흔히 사용한다. 물건을 싸서 보관하는 용도는 다양하다. 헌 신문은 우리의 일상생활에 활용할 용도가 무궁무진 친숙한 재료였다. 종이가 귀하던 시절에는 읽고 난 신문을 모아두었다가 엿이나 강냉이를 바꾸어 먹기도 했다. 시골집의 벽이나 천장에는 신문이 벽지로 붙어 있는 장면을 흔히 볼 수 있었다. 푸줏간에서는 신문지에 쇠고기를 둘둘 말아 싸 주었고, 뜨거운 붕어빵을 싸는 종이도 신문지였으며, 길거리에서 팔던 번데기와 땅콩은 깔때기 모양의 세모꼴로 접은 신문지에 담아 어린이의 고사리 손에 쥐어졌다.

과수원에도 없어서는 안 되는 물건이 폐 신문지였다. 사과, 배, 복숭아를 싸는 봉지가 신문이었다. 축구나 야구 경기장에서는 신문으로 만든 고깔모자가 햇빛가리개로 활용되는 멋도 있었다.

　두 번째 부류인 '조형소재'와 세 번째 '전위예술'은 신문과 어떤 관계인가. 인쇄된 신문을 소재로 새로운 수법의 작품을 창조한 예술가들도 있다. 피카소의 작품이 그런 예의 하나이다. 신문은 정보전달 매체인 동시에 소비재, 생활재(生活材)이며 귀중한 역사적인 사료가 될 뿐 아니라 매력이 풍부한 예술적 표현(表現)의 소재로도 사용된다. 신문은 전위예술의 지원자라는 기능도 있다. 수백만부에 이르는 대량인쇄 신문이 아니라, 대개는 전위예술을 표방한 개인 또는 그룹이 발행한 적은 부수의 신문(稀少新聞)이 그런 역할을 맡는다. 20세기에 나타난 새로운 전위예술 운동은 많은 부수를 발행한 신문의 역할도 있었다.

전시회에는 문학, 미술, 영화 등 여러 예술 분야의 서양에서 발행된 소규모 주간신문도 출품되었다. 그 가운데 눈길을 끈 지면은 1939년 6월 11일 자『조선일보』(지령 6499호) 학예면 특집이었다. 정현웅(鄭玄雄)의「초현실주의 개관」, 김환기(金煥基)의「추상주의 소론」, 최근배(崔根培)의「조선미술전 평」이 실려 있었다. 전시 도록(圖錄)은 "한국에서 모더니즘 미술동향을 전하는 귀중한 자료"라고 소개하였다.

이런 정도에서 신문의 용도가 그치지는 않는다. 신문은 시간에 따라 가치가 달라진다. 상품성으로 본 생명력은 하루에 끝난다. 발행되는 순간부터 빠른 속도로 선도(鮮度)가 떨어져 이튿날이면 '구문(舊聞)'이 된다. 상품성은 소멸되고 쓸모없는 폐지로 전락하여 쓰레기통으로 들어간다. 화장실에서 뒤를 닦는 용도로 쓰기도 했다. 하지만 기다리자. 더 긴 세월이 흐르면 신문은 다시 귀한 보물의 가치를 회복한다.

세계적인 식물학자 마키노

마키노의 신문이 주목을 끌면서 마키노라는 인물에 관심이 가지 않을 수 없게 되었다. 그가 식물 채집에 사용한 신문의 가치는 뒤

에서 살펴보기로 하고, 우선 마키노는 어떤 인물인가.[1]

마키노는 고치현(高知縣)에서 태어났다. 4살 때에 아버지를 잃었고, 6살에는 어머니가 사망했다. 이듬해에는 자신을 돌보던 할아버지마저 세상을 떠나는 비운에 처하자 조모 슬하에서 자랐다. 마키노는 서당에서 공부하던 9세 때부터 식물에 흥미를 느끼기 시작했는데 1872년에 서당이 폐지되자 번교(藩校)에 들

마키노 도미타로(93세 때).

어가 유럽의 과학에 접하였다. 13세 때 소학교에 입학하여 2년간 공부한 다음 15살에 퇴학한 뒤에 모교의 교사로 재직하였다. 그러는 가운데 자력으로 식물의 조사와 채집에 열중하다가 23세 때인 1884년에는 도쿄대학(東京大學) 식물학 교실을 방문하여 표본과 해외문헌에 접하였다. 고향으로 돌아가서는 이학회(理學會)를 창립하고 과학사상 보급에도 힘썼다. 1888년에는 『일본식물지도편(日本植物志圖篇)』을 출판하였고 식물분류학 연구에 몰두하였다. 1893년 32세가 된 그는 마침내 도쿄제국대학 이과대학(理科大學)

---

[1] 마키노의 인간적인 면모와 에피소드는 다음 책 참고. 조양욱, 「초등학교 졸업한 일본 식물학의 아버지」, 『괴짜들 역사를 쓰다 / 일본 기인 이야기』, 기파랑, 2013, 22~32쪽.

조수(助手)에 임명되었다. 일본에서도 최고의 권위를 자랑하는 대학에서 연구와 강의를 맡게 되었다. 소학교 2년 중퇴의 학력이었지만 실력으로 학문의 높은 벽을 넘은 것이다.[2]

마키노는 정력적으로 새로운 식물을 발견하고 명명·기재하는 업적을 쌓은 끝에 식물분류학의 제일인자로 인정받기에 이르렀다. 1927년에 이학박사 학위를 받았고, 도쿄대학에서 47년간 장기근속한 뒤 1939년에 퇴직했다. 1950년 10월에는 일본학사원 회원에 선임되었고, 이듬해 1월 문부성은 '마키노 박사 식물보존위원회'를 설치하여 표본 정리에 착수했다. 같은 해에 제1회 문화공로자로 선정되었으며 1957년 96세로 사망한 뒤에 문화훈장을 받았다.[3]

마키노는 『일본식물지도편(日本植物志圖篇)』, 『대일본식물지(大日本植物志)』, 『일본식물도감(日本植物圖鑑)』 등 많은 저술을 남겼다. 그의 전기(『牧野富太郎自敍傳』, 講談社 학술문고, 2004)에 실려 있는 대표적 저서만 해도 무려 42종이고, 도쿄대학 도서관에 소장된 마키노의 저작물 또는 그와 관련된 저서는 72종에 이른다. 60만 점 이상의 식물을 채집했는데 신종 1,000여 종과 신변종(新變種) 1,500여 종 이상의 일본 식물 이름을 새로 지었다. 그가 창정(創定)한 신속식물(新屬植物)은 15종이고, 다른 분류학자가 식물의 이름을 새로

---

2 牧野富太郎, 『牧野 植物隨筆』, 講談社學術文庫, 2002; 牧野富太郎, 『牧野富太郎 自敍傳』, 講談社學術文庫, 2004 참고.
3 위의 책.

명명하면서 마키노의 이름을 딴 학명 마키노이(makinoi)를 넣은 것도 18종이다. 세계적인 식물 분류학자의 명예를 기리고 존경의 뜻을 표하는 후학들의 배려였다.

마키노는 초인적인 노력으로 세계적인 식물분류학자로 평가받으며 불후의 명성을 얻게 되었지만, 신문과 연관을 가졌다는 사실은 죽은 후 20여 년이 흐르는 동안에도 주목하는 사람이 없었다. 그가 수집했던 방대한 분량의 식물표본은 세 곳에 분산 보관되었다. 도쿄도립대학 이학부(理學部)의 '마키노표본관'과 '고치현립마키노식물관', 도쿄도립대학 부속고등학교인데, 도쿄도립대학 이학부는 이를 정리하면서 1백수십 상자에 달하는 표본이 신문지에 눌려 있던 것을 드러낸 후 신문은 1975년에 도쿄대학 '메이지신문잡지문고(明治新聞雜誌文庫)'로 넘겨주었다. 처음에는 '메이지문고'에 소장된 신문과 중복되는 것을 조사하여 필요한 것만 골라서 보관할 계획이었으나, 그 가운데는 수많은 고신문이 나오자 그 중요성을 재평가하기에 이르렀다. 이리하여 마키노의 신문은 세 곳에 분산 보관되었다. ① 도쿄대학 메이지신문잡지문고, ② 고치현립 마키노식물원, ③ 도쿄도립대학 부속고등학교에 있는 것이다.[4]

---

4 「まえがき」, 『牧野新聞目錄』, 도쿄대 법학부 부속 근대일본법정사료센터, 명치잡지 신문문고, 1998.

새로 발견된 『경성일보』 21호

도쿄대학 총합연구박물관의 니시노 요시아키(西野嘉章, 박물관 공학 전공) 교수는 박물관 식물부문의 직원들이 식물채집보존용 신문을 정리하는 과정에 나오는 옛날 신문더미에 쌓여 있는 지면의 중요성에 주목했다. 그는 마키노신문을 연대별로 분류하기 시작하였다. 이들 지면은 정치, 경제, 사회, 문화, 교육, 과학 등 근대생활에 신문이 미치는 역할만이 아니라, 신문과 직접 관련되는 법제사, 정치사, 경제사, 산업사, 교육사와 같은 중요 사회과학 계통으로부터 커뮤니케이션의 핵심연구 분야인 매스 커뮤니케이션론, 인쇄사, 사회사, 풍속사 등에 이르는 여러 학술분야에 걸쳐 다른 자료로는 대치할 수 없는 독자적인 가치를 지니고 있다는 인식이 널리 정착되고 있다.[5] 서지학, 매스미디어론, 신문사(史), 인물연구의 기본 자료이다.

도쿄대 총합연구박물관은 2002년부터 식물표본 건조용으로 사용되었던 신문지의 자료화 사업에 착수하여 2004년에는 1만점이 넘는 신문을 회수했는데, 이는 최종 도달 목표의 5분의 1 정도에 지나지 않았다.[6] 무려 5만여 점의 정리를 목표로 했던 셈이다. 메이지문고가 정리한 '마키노신문'은 5,000여 점인데 개별 신문의 제호는 517종이다. 마키노는 일본의 국력이 해외로 팽창하던

---

5 高橋進, 「はじめに」, 『プロパガンダ 1904~1945 - 新聞紙 · 新聞誌 · 新聞史』, 2004.
6 西野嘉章, 「博物館新聞資料体を構築する」, 위의 책, 193쪽.

식물표본 채집용으로 사용된 신문.
1901년 일본 후쿠지마(福島)에서 발행된 신문이다(도쿄대학 신문전시회 圖錄에서).

마키노의
식물표본을 감쌌던
『조선신보』.
인천에서 일본인
발행. 1892년 5월
15일 자 지령 66호.
『독립신문』보다 4년
앞섰다.

시기에 식물 채집활동을 벌이면서 일본 본토를 중심으로 점령지를 따라 채집의 범위를 한껏 넓힐 수 있었다. 그에게는 행운의 시기였다. 사할린, 홋카이도, 오키나와, 중국, 대만, 미국 등지에 이르는 지역에서 발행된 신문도 있다. 채집을 위한 마키노의 발길이 닫는 지역이 확대되면서 현지 발행 신문의 종류도 늘어났다. 그때는 미처 깨닫지 못했지만 그의 행보에 비례하여 언론사(言論史) 연구의 자료도 풍부해졌던 것이다.

마키노신문 가운데는 한반도에서 발행된 여러 종류의 일본어 신문이 포함되어 있다. 한말 통감부 시기에서 식민지 시대에 걸쳐 한국에서 발행된 총독부 기관지『경성일보(京城日報)』를 비롯한 여러 종류의 일본어 신문이다. 소실되고 문헌상으로 이름만 알려진 신문도 적지 않다. 이제는 볼 수 없다고 포기한 시기의 신문이 마키노 덕분에 살아났기에 더 큰 관심을 끈다.[7]

『경성일보』는 대한제국을 식민지화하려고 획책하던 통감 이토 히로부미(伊藤博文)의 후원으로 1906년 9월 1일에 창간되어 일제 통치 기간 중단되지 않고 발행된 대표적인 일본어 신문이었다. 통감부의 기관지로 출발하여 합방 이후에는 총독부의 기관지가 되어 일제의 침략을 적극적으로 홍보 대변하였다. 일본이 패망한 후에도 4개월 동안 일본어로 발행되다가 1945년 12월 12일 자로

---

7 우리나라에서도 우연한 기회에 귀중한 신문을 발견한 경우가 있었다. 잡지 연구가이자 수집가였던 백순재(白淳在)의 일화이다. 이에 관해서는 제2장 백순재 항에 자세히 살펴보았다.

발행을 중단하고 종간(終刊)되었다. 통감 이토는 이 신문의 창간과 운영을 재정적으로 후원하였고, 사장의 임명을 비롯한 인사권에 간여하면서 논조에도 절대적인 영향력을 행사했다. 일본의 거물급 언론인과 외교관, 관료 등이 사장을 맡았고, 총독부의 적극적인 지원으로 관보(官報)와 같은 지위를 누리면서 한반도에서 가장 영향력이 큰 일어신문으로 군림했다. 총독부의 조선어 기관지 『매일신보』도 『경성일보』에 통합되어 일본인 사장의 직접적인 지휘 하에 발행되다가 1938년 4월에 『경성일보』의 자회사(子會社)로 독립되었고, 광복 후에는 제호를 『서울신문』으로 바꾸어 오늘날까지 이어 내려오고 있다. 『서울신문』의 전신(前身)이 바로 『경성일보』-『매일신보』였다.[8]

『경성일보』는 일본 통감부가 한국을 실질적으로 통치하던 시기에 창간된 이래 식민지 기간에 중단됨 없이 계속되었기 때문에 일본의 조선 침략과 통치를 가장 상세히 기록한 사료(史料)이며 당시의 역사를 일본의 시각과 논리에서 살펴볼 수 있다는 사실 때문에 연구의 가치가 높다. 그런데 마키노가 식물표본을 채집하면서 사용했던 수많은 신문 가운데 『경성일보』 지면은 31건인데 이전까지 전해지지 않았던 초기의 『경성일보』 21건이 포함되어 있다. 한 호 지면 4 페이지 전체가 완전히 남은 것도 있고, 두 페이지는 떨어져 나가고 절반만 남은 불완전한 지면도 있다. 그러나 지금까

---

8 『경성일보』를 비롯한 총독부의 기관지에 관해서는 다음 책 참고. 정진석, 『언론조선 총독부』, 커뮤니케이션북스, 2005.

지는 사라진 것으로 알고 있었던 지면을 그 정도나마 다시 볼 수 있다는 것은 신문의 역사와 일본의 한국 침략사를 연구하는 사람들에게는 소중한 자료로 평가할 수 있다.

〈'마키노신문' 『경성일보』 1912년 이전 지면〉

연도	월일	지령	계
1907	6.23	240	1
1909	1.1	701	4
	7.30	759	
	10.24	949	
	10.26	950	
1910	2.17	1037	5
	3.10	1055	
	3.12	1057	
	3.19	1063	
	7.12	1158	
1911	1.21	1319	6
	5.11	1416	
	5.14	1419	
	5.19	1423	
	5.20	1424	
	5.21	1425	
1912	2.3	1643	5
	2.4	1644	
	2.11	1650	
	2.17	1655	
	2.18	1656	

마키노가 수집한 일인발행 신문들

마키노신문 가운데는 19세기 말에서 20세기 초에 인천과 부산에서 일인들이 발행한 신문도 관심을 끈다. 『조선신보(朝鮮新報)』는 1890년 1월 28일 인천에서 『인천경성격주상보(仁川京城隔週商報)』라는 제호로 창간되었다가 『조선신보』로 바뀐 신문인데 1896년 8월과 11월, 12월에 발행된 지면 6호가 있다. 그밖에 『대한일보(大韓日報)』(인천 1904.3.10 창간), 『조선타임스(朝鮮タイムス)』(서울 : 1907.5 창간), 『경성신보(京城新報)』(서울 : 1907.11.3 창간), 『부산일보(釜山日報)』(1907.10.1 창간), 『조선시보(朝鮮時報)』(부산 : 1892.7 釜山商況→1894.11.21 朝鮮時報), 『조선일일신문(朝鮮日日新聞)』(인천 : 1903.10 창간), 『대구신문(大邱新聞)』(1908.10.1 창간) 등의 지면도 있어서 우리의 언론사 연구에 자료로 활용될 수 있다.

마키노가 식물채집을 위해서 일본 각지를 여행했고, 대만을 비롯하여 만주와 중국에까지 갔던 사실은 그의 연보(年譜)에도 나타나지만, 조선에 다녀갔다는 기록은 아직 찾지 못하였다. 그러나 그의 식물 표본을 감쌌던 신문 가운데는 조선의 서울과 지방에서 발행된 신문이 1890년대에서 1920년대에 발행된 지면까지 있기 때문에 그는 한반도의 산하를 누비면서 식물을 채집했을 것으로 짐작된다. 대만, 만주와 같이 더 멀리 떨어진 지역까지 학술적인 목적으로 여행했던 그가 가장 가까운 위치에 있는 조선에도 당연히 지나갔을 것이다. 1939년 5월 78세였던 마키노는 도쿄제국대

학에서 퇴임한 후 이듬해 8월에는 규슈 각지에서 채집했고, 1941
년 5월 3일 80세의 노구를 이끌고 만주국의 벚꽃을 조사하기 위
해 고베항을 출발하여 약 5,000여 점의 표본을 채집한 다음에 6월
15일 시모노세키항 건너편의 모지(門司)를 거쳐 도쿄로 돌아간 일
이 있었다. 만주로 갈 때에 철도편을 이용해서 조선을 거쳐 갔을
것이다. 이때에 조선에서 식물을 채집하면서 현지에서 발행된 신
문을 이용했을 가능성도 있다.

　마키노신문을 포함하여 도쿄대학 소장 신문 가운데 총합연구
박물관이 전시했던 도록『프로파간다 1904~1945 - 신문지(紙) /
신문지(誌) / 신문사(史)』(西野嘉章 편)에는 1915년 이후의『경성일
보』를 비롯하여 식민지 한국에
서 발행된 신문 여러 종류가 포
함되어 있다.

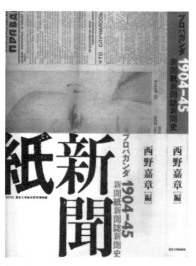

『프로파간다(PROPAGANDA) 1904~1945
－신문지(紙) / 신문지(誌) / 신문사(史)』.

◇ 한국어신문(괄호 안은 지령)

『동아일보』

　1939.3.8(6301, 남부판)

　1939.3.31(6324)

　1939.7.4(6418, 북부판)

『조선일보』

　1936.3.2(5308)

　1939.5.6(6463)

1939.6.11(6499)

『매일신보』

1926.5.5(6604)

1939.4.1(11348, 중동판)

1939.4.2(11349)

1939.5.6(11382)

1939.6.27(11434, 관서 매신판)

1943.7.8(12897호 부록 「국어교실」 131호)

◇일어신문

『京城日報』(1906.9.1 창간, 1915년 이전 21건은 앞의 표 참고)

1916.3.16(3060)

1917.8.4(3550)

1938.12.22(11179)

1939.5.12(12318)

1939.5.19(11325, 지방총합판)

1939.5.26(11332, 中鮮京日)

『朝鮮新聞』(서울 : 1908.12.1 창간)

1929.9.12(10173)

1933.5.17(5 · 15사건 호외)

1939.6.17(13689, 지방통신 종합판)

1939.6.18(13690)

『京城日日新聞』(서울 : 1920.7.1 창간)

　1930.4.3(3461)

『朝鮮每日新聞』(서울 : 1922.4.1 창간)

　1930.5.28(3029)

『東亞新報』(서울)

　1943.3.11(1350, 진중신문)

『釜山日報』(부산 : 1907.10.1 창간)

　1918.10.12(3934)

『鴨江日報』(신의주 : 1910 창간)

　1914.4.14(1833)

『元山每日新聞』(원산 : 1909.1.1 창간)

　1916.1.1(함흥판, 2043)

『平壤日日新報』(평양 : 1912.1 창간)

　1913.1.18(289)

『北鮮日報』(청진 : 1912 창간)

　1940.1.11(9657)

『北鮮日日新聞』(청진 : 1919.12.13 창간)

　1940.9.10(6183)

『西部每日』(대판매일신문 조선판 - 門司)

　1926.4.29(1075)

『朝鮮朝日』(대판조일신문 부록 - 門司)

　1926.5.29(357)

1929.7.27(1327)

『大阪朝日新聞』(북선판 - 門司)

1940.8.30(21151)

『경성일보』 영인 사업

『경성일보』는 사료로서의 중요성에도 불구하고 국내에는 이 신문 연구가 없었다. 자료를 열람하기가 어려웠다는 점이 연구의 가장 큰 애로사항이었고, 일본어로 발행된 총독부의 어용신문이라는 이유 등으로 연구자들의 관심을 끌지 못한 것도 중요한 이유였다.

그런 의미에서 2003년부터 영세한 개인 업체인 한국교회사문헌연구원의 심한보(沈漢輔) 원장은 『경성일보』의 영인 사업을 시작하여 1945년까지의 전체 지면을 타블로이드 판 215책에 묶어 영인본으로 발행하였다. 그는 2003년 11월에 20책을 1차분으로 처음 출간한 이래 2008년 7월까지 4년 8개월에 걸쳐서 6차의 단계적인 사업을 완료하였다. 수록된 지면은 1915년 9월 2일 자부터 1945년 12월 11일에 발행된 마지막 호까지 30년에 걸치는 기간이다. 분량도 방대하지만 국내와 일본에 소장된 신문을 찾아내어 가능한대로 빠짐없이 엮어내는 작업이었으니 이를 완료하기까지는 여러 난관이 가로놓여 있었다.

우선 막대한 자본이 소요되기 때문에 『경성일보』 지면을 복각 영인하는 대작을 출간하겠다고 감히 도전할 엄두를 내기는 어려웠다. 그런데 심한보 원장은 맨손으로 시작하여 이 벅찬 사업을 완결하였다. 자료의 중요성으로 본다면 정부 예산을 배정 받아 추진해야할 일을 개인의 힘으로 이룩한 것이다. 영리적인 측면도 고려했을 터이지만, 이 신문이 지니는 사료로서의 중요성에 대한 확신을 지니고 몸을 던져 추진하는 자세가 아니었다면 결코 성공하지 못했을 것이다.

신문 지면이 한 곳에 모여 있는 것도 아니었고, 이를 촬영한 마이크로필름이 국내와 일본의 여러 소장처에 흩어져 있으므로 모두 조사하여 그 가운데 보존 상태가 더 나은 것을 골라서 영인하는 일은 여간 까다롭지 않았던 것이다.

『경성일보』는 1906년 9월 1일에 창간되었으나, 복각을 시작하던 단계의 조사로는 1915년 9월 이전의 초기 9년 사이의 지면은 국내와 일본의 소장처를 수소문해 보았으나 나타나지 않았다. 1915년 11월 18일에 현재의 서울시청 자리에 있던 『경성일보』건물에 화재가 일어나 사옥의 태반이 소실되면서 본사에 보관되어 있던 지면도 불탔을 것으로 추정된다. 그렇더라도 무슨 이유인지 그 이전 지면은 다른 기관에도 남아 있지 않았다.

그래서 1915년 9월 이전의 지면은 모두 소실된 것으로 판단하여 현존하는 지면부터 영인을 시작할 수밖에 없었다. 그런데 일본 도쿄대학의 메이지신문잡지문고에 수장된 마키노 도미타로의 식물표본 흡습지에 1915년 이전의 지면 21호가 포함되어 있다는 사실은 영인사업이 진행 중이던 때에 발견되었다. 앞서 살펴본 대로 1907년 6월 23일 자부터 1912년 2월 18일까지 발행된 신문 가운데 21호였다. 중간에 빠진 것이 많지만 초기 『경성일보』의 모습이라는 의미가 있기 때문에 21호의 지면 66쪽을 담은 '보유편'을 추가로 발행하였다. 광복 이후 12월 12일까지 발행된 지면은 총독부 기관지의 성격에서 벗어났지만 해방공간 초기의 긴박한 정세가 담겨 있으므로 역시 사료적인 가치는 크다고 판단하여 마지막 호까지를 영인본에 담았다. 보유편 1권을 합하면 타블로이드 판형 약 500쪽 분량의 책 206권에 엮어내는 작업이었다.

1915년 9월부터 30년 분량 지면

『경성일보』 복각본은 국내에서 가장 방대한 대작이라는 기록을 세웠다. 보유편을 제외하더라도 모두 10만 2천500여 쪽에 달한다는 계산이 나온다. 단일 신문으로 이처럼 많은 분량이 복각된 경우는 없었다.

총독부 한국어 기관지 『매일신보』는 1986년에 경인문화사에서 영인하였다. 『매일신보』의 영인본은 한일 강제합방이 공포되던 이튿날인 1910년 8월 30일부터 일제가 연합국에 항복을 선언하던 1945년 8월 15일까지의 지면이 85책에 담겨 있다. 기간으로는 『경성일보』에 비해서 약 5년이 길지만, 분량으로는 『경성일보』

에 훨씬 미치지 못한다.[9] 『경성일보』복각본은 신문의 영인본 가운데 분량으로 따지면 타의 추종을 불허하는 대 사업이었다.

2005년에 필자가 『매일신보』(한국어), 『경성일보』(일어), 『서울 프레스』(영어)를 연구한 『언론조선총독부』(커뮤니케이션북스)를 출간하여 총독부의 3개 언어로 발행된 기관지를 종합적인 연구대상으로 삼은 첫 업적이 나왔다. 일본의 『마이니치신문(每日新聞)』이 8월 23일 자 미디어 면에 크게 소개한 바도 있다. 『경성일보』의 영인본은 한국에서는 관심을 가지는 기관이나 도서관이 별로 없었던 반면에, 일본에서 더 많이 판매되었다. 방대한 자료의 영인 사업이 끝났으니 한국과 일본에서 많은 연구가 이루어질 것을 기대한다.

노무현 정부는 과거 역사의 청산을 명분으로 여러 위원회를 설치 운영하였다. 16개 위원회에 600여 명의 인원이 1천800억 원의 예산을 들여 저 멀리 19세기 말에 일어난 동학혁명(1894)부터 현대사까지 파헤쳤다. 정부가 앞장서서 이런 활동을 벌이기 전에 우선 과거의 자료를 충분히 복원하여 학계와 민간 차원의 전문가들이 자발적으로 연구할 수 있는 여건을 만들어 주는 순서로 진행되었어야 했다. 가장 시급한 일은 지난날의 신문을 영인하고 자료를 복제하는 사업이다. 이웃나라는 어떤가. 중국 봉천에서 1906년부터 1945년까지 발행된 『성경시보(盛京時報)』(발행인 中島眞雄) 같은 일본인 발행 신문도 영인이 되어 있다. 150여 책의 분량

---

9 『매일신보』는 한국언론진흥재단이 데이터베이스화하여 2011년부터 일반에 무료 서비스하고 있다.

이다. 대만에서는 일본어로 발행된 『대만일일신보(臺灣日日新報)』 (1904~1945)도 160여 책 분량 영인본이 나와 있다.

신문은 역사의 1차적 기록자다. 한말에서 일제 식민지 기간을 거쳐 광복 후의 혼란기와 6·25전쟁의 피비린내 나는 역사를 가장 근접한 위치에서 기록한 객관적인 자료가 신문이다. 정권 차원에서 과거사를 정리하겠다면 이런 자료들을 우선적으로 생산·보급하여 학자들이 활용하도록 하는 일이 선행되었어야 했다.

가지야마 도시유키

조선총독부의 언론통제 비밀자료

하와이대학이 소장한 『신문지요람』

조선총독부 경무국 도서과의 언론통제 비밀문서 『대정 14년 신문지요람』(1925)은 국내에 없는 자료였다. 그 자료가 멀리 태평양 한가운데 하와이대학 도서관에 소장되어 있다는 사실을 역사문제연구소 장신 연구실장이 찾아내었다. 그 이전까지 나는 1926년에 발행된 『대정 15년 신문지요람』을 처음으로 알고 있었는데, 한 해 먼저 발행된 기록이 있었던 것이다. 새로운 자료의 발견도 반갑지만 어떤 경로로 하와이대학이 그 문서를 소장하게 되었는지 궁금한 일이 아닐 수 없었다.

우선 『신문지요람』은 어떤 의미를 지닌 자료인가. 일제 강점기 언론통제를 총괄했던 부서는 총독부 경무국 도서과였다. 도서과는 조선의 신문 잡지에 관련되는 자료를 해마다 연감 편찬방식으로 정리하여 발행했다. 그 비밀기록이 『신문지요람』이다. 발행허가의 출원 사항, 일본에서 들어오거나 외국에서 수입되는[移輸入] 간행물들의 제호와 부수, 신문의 지역별 배포 부수와 같은 기본 사항이 기록되어 있다. 거기에 더하여 행정처분, 사법처분 등의 통제에 관한 내용도 담고 있어서 당시의 상황을 일목요연하게 종합적으로 파악할 수 있는 기본자료이다. 자료를 비밀로 분류하였던 이유는 신문, 잡지, 출판물을 압수하거나 통제하였던 이유와 사례 등이 포함되어 있기 때문이었다.

압수한 기사 또는 압수하지는 않았더라도 일본의 조선 통치를 반대하는 의미를 담은 '불온기사'를 유형별로 분류한 것들과, '조선 독립을 고취하는 출판물'이 해외에서 발행되어 비밀리에 유입되는 것들의 목록도 들어 있다. 그래서 경찰과 검찰 가운데도 언론, 출판, 사상 관련 업무에 종사하는 요인들만 열람하도록 하였던 것이다. 따라서 일반인들은 자료의 존재자체를 알 수 없었고 언론통제와 관련이 있는 극소수 사람들만으로 열람을 제한하였다.

처음 발행된 자료의 명칭은 하와이대학이 소장한 『대정 14년 신문지요람(新聞紙要覽)』이고, 두 번째는 『대정 15년 · 소화원년 신문지요람』이었다가 1928년에는 『신문지출판물요항』으로 제호를 약간 바꾸면서 '출판물'이 포함되었고, 1929년부터 1932년까지 4년간은 『조선의 출판물개요(朝鮮に於ける出版物槪要)』로 이름 붙였다가 1933년부터는 『조선출판경찰개요(朝鮮出版警察槪要)』로 정착되어 이후에는 동일 제호로 1940년까지 발행되었다. 명칭이 바뀌면서 편제도 조금씩 보완되었다.

일본의 인기 작가 가지야마 수집장서

인쇄방식은 1928년판까지 세 차례는 필경사가 손으로 써서 등사판에 인쇄하다가 1929년부터는 활자조판 인쇄로 발행 되었다. 초기에는 특수한 요직에 있는 사람들만 열람할 수 있도록 제한된 부수를 발행하였기 때문에 대량으로 인쇄할 필요가 없어서 등사판에 인쇄했을 것이다. 제호와 인쇄방식은 바뀌었지만 내용은 신문, 잡지, 출판물의 현황 통계와 언론통제의 사례 등을 서술하는 체제로 처음부터 거의 비슷하게 일관성을 유지하였다.

경무국 도서과는 1926년 4월에 독립된 기구로 출발하였다. 이전까지는 고등경찰과가 언론통제를 담당하였는데, 1926년 4월 25일에 도서과를 신설하면서 기존의 고등경찰과는 명칭을 '보안과'로 바꾸었다. 보안과는 정치 사상운동을 담당하고, 신문 잡지를 비롯한 출판물과 영화 음반 등의 검열은 '도서과'가 맡도록 업무를 분담한 것이다.[1]

도서과가 독립된 부서로 출범한 이후에 처음 발행한 언론통제 자료가 『대정 14년 신문지요람』이다. 내용은 1925년 12월 말 이전의 자료가 수록되어 있다. 날자가 기록되지는 않았지만 발행

---

1 「경무국 科 폐합, 경무과 분산 도서과 신설」, 『동아일보』, 1926.4.25.

시기는 1926년에 도서과가 새로 출범한 직후였을 것이다. 원지에 손으로 써서 등사판으로 프린트한 88쪽 분량이다. 두 번째로 발행된 1927년 자료가 278쪽인 것과 비교하면 3분의 1에 불과하다. 도서과가 독립기구로 출발하기 전 고등경찰과 시절에 정리해 두었던 자료를 인쇄한 것으로 볼 수 있다.

도서과의 자료 발간에 관해서는 내 책『극비 조선총독부의 언론검열과 탄압』(커뮤니케이션북스, 초판 2007, 개정판 2008)에 상세히 고찰했다. 그에 앞서 내가 편찬한『극비 조선총독부 언론탄압 자료총서』(한국교회사문헌연구원, 2007)에는 도서과가 발행한 원본을 영인하여 누구나 활용할 수 있게 되었다.

하지만 장신 실장이 발굴한『대정 14년 신문지요람』의 존재는 몰랐기 때문에 조선총독부 언론탄압 자료총서에는 1927년에 발행된 자료를 맨 앞에 수록했다. 1926년 판 자료도 편제는 그 이후와 비슷하므로 내용에 관해서는 더 이상 언급하지 않기로 하겠다. 나의 책 제4장「탄압과 통제의 기록」과 언론탄압 자료총서 영인본「해제」를 참고하기 바란다.

그러면 국내에서는 보지 못했던 자료가 어떤 경로로 멀리 하와이대학까지 가게 되었을까. 일본에서 찾았다면 그런 대로 납득이 될 수 있지만, 일제 강점기 언론통제와는 관련이 없는 하와이에 가 있었다니 궁금한 일이 아닐 수 없다. 첫 단서는 책의 뒷장에 붙어 있는 'In memory of TOSIYUKI KAJIYAMA 1930~1975'라는 스티커였다. 가지야마 도시유키라는 일본인이 수집한 자료였다는 근거가 된다.

나는 하와이대학 인터넷 홈페이지에 들어가서 가지야마 도시유키를 검색해 보았다. 거기서 가지야마 문고(Kajiyama Collection; 梶山季之記念文庫)를 찾을 수 있었다. 일본의 소설가이자 저널리스트로 1960년대 중반에 한국에도 그의 소설이 번역되어 알려진 가지야마 도시유키(梶山季之, 1930.1.2~1975.5.11)라는 인물이 그 주인공이었다. 추리소설, 시

가지야마 도시유키.

대소설, 풍속소설, 논픽션 등 다양한 장르의 소설을 양산하다가 45살 젊은 나이에 생을 마쳤다. 한국을 소재로 쓴 중편 「이조잔영(李朝殘影)」과 「족보」는 한국에도 번역되었다. 그는 "한국에 따뜻한 마음으로 용서를 비는" 작가로 평가 받는다.[2] 그의 작품은 죽은 후에도 인기가 식지 않아서 사후 12년까지 120책의 문고가 출판되어 1천3백만 부가 팔렸다. 그럼에도 소질이 있어서 사후에 '가지야마 유작전'을 개최하였을 정도로 예술적 재능이 뛰어났다.

---

2 하시모토 겐고, 「가지야마 도시유키 - 한국에 따뜻한 마음으로 용서를 빌다」, 다테노 아키라 편, 『그때 그 일본인들』, 한길사, 2006, 499~505쪽.

하와이대학에 기증된 자료

가지야마는 1969년의 경우 문단에서 소득이 제일 많은 작가로 꼽혔을 정도로 많은 글을 썼고 인기도 높았는데, 장서 수집가이기도 했다. 1만 7천여 점에 달하는 그의 장서는 하와이대학의 가지야마문고에 다음과 같이 분류되어 있다.

Korea Related Resources(조선관계 문헌)

Immigration Related Resources(일계(日系) 이민관계 문헌)

Nan'yo Related Resources(남양관계(南洋關係) 문헌)

China, Manchuria, Taiwan Related Resources(중국 · 대만관계 문헌)

Manchuria(만주관계 문헌)

Hiroshima & Atomic Bomb Related Resources(廣島 · 원폭관계 문헌)

General Resources(일반문헌)

가지야마가 수집한 자료 가운데 7천여 점은 크게 분류하면 ① 한국 관련 문헌, ② 원폭 관련 문헌, ③ 이민 관련 문헌이었다. 세 부류가 모두 그의 개인사와 연관이 있었다. 가지야마는 특히 한국의 문화와 한국인에 깊은 관심을 지녔다. 수집품 가운데는 아주 귀중한 1천여 점이 있었는데, 총독부 관련 자료와 일본인의 해외 이민 자료가 포함되어 있다.

가지야마의 아버지는 조선총독부의 토목기사였고, 어머니는 하와이에서 태어난 이민 2세였다. 식민지 조선에서 태어난 가지야마는 남대문소학교를 졸업한 후에 경성중학교(서울중학교)에 입학했는데 4학년 재학 중에 일본의 패전으로 아버지의 고향인 히로시마로 돌아갔다. 그리고 히로시마고등사범학교 국어과를 졸업했다. 한국, 원폭이 떨어진 히로시마, 하와이는 모두 자신의 출생, 성장, 일생에 깊은 관련이 있었기에 그 분야의 자료를 집중적으로 모은 것이다.

그의 아버지(梶山勇一)는 1926년에 경성부, 지금의 서울시 토목기수로 근무하다가 2년 뒤에는 전라북도 토목과로 전근했고, 1937년 무렵에 다시 서울로 올라왔다. 가지야마는 아마도 전주에서 태어나 유아기를 보낸 후 아버지가 서울에 와서 근무했던 때에 초등학교와 중학교를 다녔을 것이다.

그런데 가지야마는 어떻게 총독부의 언론통제 자료를 입수했을까. 그의 아버지가 근무하던 토목과는 경성부 소속이거나 총독부의 내무국 소속이었다. 언론 통제를 담당했던 경무국 도서과와는 관련이 없다. 아버지 가지야마가 토목 기사였다는 이력으로 보면 1926년에 발행된 경무국 도서과의 자료를 소지했을 가능성은 전혀 없다. 그러므로 아버지 가지야마가 한국에 근무할 당시에 자료를 입수했을 것 같지는 않다. 입수했더라도 전후 일본으로 돌아가는 와중에 그런 자료까지 챙겨 갈 여유는 없었을 것이다. 지금 언론사를 연구하는 입장에서 귀한 자료이지 종전 당시에는 하찮은 프린트물이었을 수도 있다.

가지야마의 중편소설 『족보 · 이조잔영』.

아들 가지야마는 1930년에 태어났으니 출생 이전의 자료를 소지했을 리도 없다. 그렇다면 가지야마가 히로시마고등사범 졸업 후 도쿄에서 작가로 활동하면서 한국 관련 자료에 관심을 가지기 시작했을 무렵에 입수했을 것으로 추측할 수밖에 없다. 당시에는 비밀이었지만, 광복 후에는 그런 유의 자료가 시중에 더러 나왔기 때문에 한국에서 일본으로 흘러들어간 것을 구했는지 한국에 와서 입수했는지 알 수 없지만 어쨌건 가지야마 수집 장서의 하나가 된 것이다.

가지야마는 한국에 적어도 두 번 이상 방문한 적이 있었다. 첫 방문은 1963년 무렵이었고, 두 번째는 1965년 2월 24일이었다. 두 번째 방문은 「이조잔영」 제2부와 3부 완결을 위한 자료 수집과 동시에 이 작품의 한일합작 영화 제작 가능성을 타진하려는 목적도 있었다. 그의 아내 미나에(美那江)와 비디오 프로덕션의 제작자도 동행이었다.[3] 그는 『동아일보』 기자에게 "일본 지식인들은 그들의 선조가 한국의 민족문화를 말살하기 위하여 얼마나 잔인한 짓을 했는가 하는 사실을 전혀 모르고 있기 때문에 이런 사실을

3 「日 작가 梶山季之 씨 내한, 자전소설 『이조잔영』 한일합작 영화화 위해」, 『동아일보』, 1965.2.25.

깨우쳐 주려고 「이조잔영」과 「족보」 등의 소설을 썼다"고 말했다. 가지야마는 한국에 처음 왔을 때에 『동아일보』의 주선으로 작가 한운사(韓雲史)를 만났다. 한운사는 가지야마를 만나자 대뜸 공격적인 말을 했다.

"해방 후 한국을 찾아온 최초의 작가에게 부탁 말이 있다. 옛날 일제는 이 땅에서 심한 짓을 많이 했다. 일본 사람을 대표해서 사과해 주지 않겠는가" 그랬더니 가지야마는 무릎을 꿇고 이마가 땅에 닿도록 절을 하며 "그때는 참으로 잘못 됐습니다. 일본인을 대표해서 사과드립니다"라고 조아렸다. 한운사는 얼른 그를 일으키며 "참으로 잘 오셨습니다. 진심으로 환영합니다"라고 따뜻하게 인사를 했다. 두 사람은 그 후에 절친한 사이가 되었다.[4] 가지야마는 일본으로 돌아간 후 "속죄의 소설 쓰겠다. 지난날의 과오를 알릴 의무"라는 내용의 글을 『동아일보』에 기고했다.[5]

가지야마의 장서 가운데 한국 관련 자료를 비롯하여 원폭관련 자료와 이민 관련 자료 7천여 점은 그의 사후 1977년에 부인이 하와이대학 도서관에 기증하여 '가지야마기념문고'로 정리되었다. 총독부 경무국 도서과의 자료는 이때 하와이대학으로 건너간 것이다. 총독부의 언론탄압 자료가 가지야마의 손을 거쳐 하와이대학에 남아 있게 되었으니 다행스러운 일이다. 그가 수집한 나머지 잡지류 4천 점과 서적 2천여 점은 도쿄 소재 공익재단 오오야소이

---

4 한운사, 「인생만유기 36」, 『매일경제신문』, 1992.11.19.
5 梶山季之, 「먼저 한일 국교정상화를」, 『동아일보』, 1965.4.8.

치문고(大宅壯一文庫)에 기증했다. 오오야문고는 잡지를 전문으로
수집한 도서관이다.

참고문헌

梶山季之, 「年譜」, 『李朝殘影』, 講談社文庫, 1978.

梶山季之, 김진섭 역, 『李朝殘影』, 내외출판사, 1966.

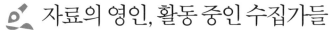

자료의 영인, 활동 중인 수집가들
국학자료의 확산과 보급 공로자

이창세와 한상하의 영인본 출판

수집가는 아니지만 귀중한 근대서지 자료를 영인하는 사업으로 연구자들에게 편의를 제공한 분들도 기록에 남기고 싶다. 먼저 생각나는 인물은 아세아문화사 이창세(李昌世, 1923~2010) 사장이다. 서울대 사무국장, 국립중앙도서관장을 지낸 뒤 1972년 2월에 아세아문화사를 창립하며 10주년을 맞은 1982년까지 300여 종 500여 책을 출판했다. 창립 이후 5년 동안은 새로운 책 발간을 억제하고 국학발전에 원천적인 토대가 되는 귀중하고 학술적 가치가 큰 고전 복간에 중점을 두었다. 이 가운데는 근대 서지가 많이 포함되었다.

구한국 『관보』는 2만 2천여 쪽에 달하는 분량인데 아세아문화사가 영인하였고, 통감부 『공보』도 학술 자료로 복각하였다. 특히 백순재 선생을 고문으로 영입하여 '한국 개화기 학술지 총서', '한국 개화기 문학총서', '개화기 국사교과서'와 같은 자료들을 영인했다. 소중한 근대서지를 체계적으로 묶어 연구자료로 복원한 것이다. 나는 이창세 사장을 만난 적이 없다. 1985년에 출간한『서울프레스』영인본의 해제를 내가 썼지만 계훈모 선생이 중간에 소개를 해서 원고를 보냈을 뿐 직접 만날 기회는 없었다. 이창세 사장의 업적은『한국학 문헌연구의 현황과 전망』(1983)이라는 아세아문화사 창립 10주년 기념논문집과 이 책 제3장 백순재 부분을 참고하기 바란다.

경인문화사를 창립한 한상하(韓相夏) 회장의 공적도 잊을 수 없다. 1976년에 한국신문연구소(현 한국언론진흥재단)에서『대한매일신보』국한문판을 영인할 때에 한상하 사장을 알게 되었다. 그때 나는 기자협회 편집실장으로 재직 중이면서『대한매일신보』의 자료 수집과 영인본 편집을 맡았다.

『대한매일신보』를 영인 출판하는 사업은 신문연구소로서도 일찍이 해 본적이 없는 큰 사업이었다. 신문연구소는 그 후 언론연구원으로 확대되었다가 언론재단에 통합되었고, 다시 언론진흥재단으로 확대되면서 인력과 연구진을 자랑하는 매머드 기구로 커졌지만, 1970년대 초에는 직원이 3~4명에 지나지 않는 구멍가게 규모였다. 한말 최대의 민족지를 복원하는 이 작업은 문예진흥원의 지원을 받아 출판을 추진하게 되었다. 재원이 마련되었다고 해서 저절로 이루어질 성질의 사업이 아니었다. 전문적인 안목을 지닌 사람이 신문의 소장처를 찾아내고 소장상태를 조사하는 작업이 선행되어야 했다.

『대한매일신보』는 완질을 소장한 도서관이 없기 때문에 나는 여러 소장처를 뒤져서 부족한 부분을 보완하고 이어 맞추는 방식으로 완전한 영인본을 만들어야 했다. 내가 『대한매일신보』의 지면을 한 장씩 넘겨가며 기록해 두었던 소장처 목록과 신문의 보존상태는 36년 뒤에 문화재청에서 『개화 계몽 독립 항일의 문화유산, 신문·잡지분야 등록문화재 해제』(2012)라는 자료집으로 발간했다.

『대한매일신보』 영인본 제작을 경인문화사에 의뢰한 인연으로 나는 한상하 사장을 처음 만났다. 그때 경인문화사는 『황성신문』 12년 치를 완간한 실적이 있었다. 『황성신문』은 원래 다른 출판사에서 영인을 시작했지만 자금 사정으로 포기한 후 두 군데인지 세 군데 출판사로 넘어갔던 것을 결국 경인에서 마지막으로 인수하여 완간하였다.

우리나라 최초의 영문 잡지 『코리안 리포지토리(The Korean Repository)』와 뒤를 이어 헐버트가 발행한 『코리아 리뷰(The Korea Review)』도 한상하 사장이 영인 하였다. 경인문화사는 1985년에는 일제강점기 중단되지 않고 발행된 유일한 조선어 신문 『매일신보』를 전량 영인하여 85권으로 발행하였다.[1]

---

1 이에 관해서는 「신문 影印사업과 총독부 기관지 『每日申報』」, 『한상하 회고록』, 경인문화사, 2002, 278~279 · 368~382쪽을 참고하기 바란다. 나의 책 『언론유사』(커뮤니케이션북스, 1999, 증보판 2004)에도 계훈모, 오한근 선생을 비롯하여 이 책에 수록된 서지 수집가들의 이야기가 소개되어 있다.

심한보의 언론사 자료 영인

한국교회사문헌연구원 심한보(沈漢輔) 원장도 중요한 신문 잡지를 영인하고, 마이크로필름에 담은 사람이다. 그를 처음 만난 때는 김근수 교수가 중앙대학교 한국학연구소 소장으로 재임하던 시기였다. 심 원장은 김근수 교수 밑에서 직원으로 일하는 동안 근대서지에 눈을 떴다.[2] 그 후 독립하여 주로 기독교 자료 전문 영인출판을 시작했다. 교회사 자료는 근대 서지의 중요한 부분을 차지한다. 한국기독교사연구회는 1982년 9월에 결성되었다가 1990년 9월에 한국기독교역사연구소로 발전하는 동안 심 원장은 기독교사연구회와 긴밀한 유대를 지니고 자료를 발굴하고 영인했다. 그 가운데는『기독신보』(1915.12~1933.7)와 영어잡지『코리아미션필드』(The Korea Mission Field : 1905~1941, 영인본 37권)도 있었다. 기독교역사연구소는 2013년 12월 7일에 연구소 소식지(104호)를 발행하면서「심한보 원장 기독교사 관련 발굴 및 보급 30년 기념 특집호」로 꾸몄다. 심 원장이 기독교 자료 발굴과 영인에 기여한 공로에 대한 감사의 표시였다.

일제 강점기에 대중잡지『삼천리』를 발행했던 시인 파인 김동환의 아들인 고 김영식 씨가『삼천리』영인본을 발행하던 1999년 무렵에 심한보 원장을 자주 만났다. 그 후 심 원장은 나의 권유로 2003년부터『경성일보』영인 출판 사업을 시작하여 타블로이드 판

2 「심한보 원장과의 대담」,『한국기독교역사연구소 소식』, 2013.12.7, 541~552쪽.

형 약 500쪽 분량 영인본 206권을 엮어내는 큰 작업을 완결하였다. 이에 관해서는 이 책 제10장 마키노 도미타로 항 말미에 썼다.

교회사문헌연구원이 영인 출간한 신문과 일제 강점기 자료로 내가 직접 편찬한 중요 자료는 『조선총독부 언론탄압자료총서』(전 26권, 정진석 편, 2007), 『조선총부 급 소속관서 직원록』(전34권, 정진석 감수, 일본 : ゆまに書店, 2010), 『朝鮮新聞』(일본인 발행 일어신문; 1906~1908)이 있다. 이 영인본의 해제는 모두 내가 썼다. 심한보가 쓴 책과의 인연에 관해서는 「책 속에 파묻혀 20년」(『비블리오필리』 제7집, 1996)이 있다.

이창세, 한상하, 심한보는 수집가는 아니지만 자료를 영인하여 학계와 연구자들에게 제공하여 학문 발전을 뒷받침하고 기여했다. 그들은 신문 잡지 단행본을 수집한 전문가들 못지않은 중요한 역할을 담당한 것이다.

오영식 · 박성모와 근대서지학회

보성고등학교 국어 교사 오영식은 현역으로 활동하고 있기 때문에 이 책의 수록 범위에 포함되지 않은 인물이다. 하지만 서지학의 발전을 실질적으로 이끄는 활동가이면서 자료의 발굴과 서지작업에 주목할 업적을 쌓았으므로 간략하게라도 언급하고 넘어갈 필요가 있다. 언제 또 이런 책을 낼 기회가 있을지 모르기 때문이다.

오영식은 40년 넘는 경력의 서지작업 전문가, 수집가, 서지학자이다. 근대서지학회(2010년 창립, 회장 전경수)가 창립될 때에 주도적인 역할을 했고, 그 후의 운영, 편집실무, 정기학술 발표회까지도맡아 기획하고 추진한다. 1988년에 대한출판문화협회가 수여하는 모범장서가 상을 받았고, 이듬해부터『불암통신(佛巖通信)』이라는 서지관련 개인잡지를 발행하기 시작하여 2005년까지 16년 동안 12집을 내놓았다.[3] 지금은 근대서지학회의 반년간『근대서지』의 편집장을 맡고 있다. 오영식의 입장에서 본다면 개인잡지였던『불암통신』의 연장선에『근대서지』(소명출판, 2010년 창간)를 발행하고 있는 셈이다. 근대서지학회의 학술발표회를 섭외하고 서지 관련 전시회, 회원들의 부정기적인 친목모임을 모두 오영식이 주관한다. 서지학에 관한 열정과 겸손하고 포용력 있는 인품이 이런 역할을 가능하게 하는 것이다.

오영식의 서지관련 업적인『해방기 간행도서 총목록』(2009)은 1945년 광복 직후부터 1950년 6월까지 발행된 출판물 목록과 당시의 출판사를 망라한 목록이자 색인 역할을 겸하도록 만든 자료집이다.[4] 695쪽에 이르는 총목록에는 1,000여 개 출판사, 5,200여 종의 책 정보를 담았다. 출판사명 · 발행인 · 주소, 등록번호(연월일) 책 이름 · 저자 · 발행일(판차) · 쪽수 · 정가 · 인쇄소 인쇄인 · 주소,

---

3 「이 시대 문화인 오영식 교사」,『중앙일보』, 2005.5.21.
4 배영대,「해방기 지식의 윤곽, 이 한 권에 압축했다 /『해방기 간행도서 총목록』펴낸 보성고 오영식 교사」,『중앙일보』, 2010.2.22.

등록번호 등을 세밀하게 기재하여 당시의 출판상황을 누구나 손쉽게 찾아볼 수 있도록 색인화하였다.

오영식은 그 후속편이자 자매편으로 해방기의 잡지기사 총목록을 준비하고 있다. 잡지기사 총목록이 나오면 광복 이후부터 6·25전쟁 직전까지 발행된 책과 잡지의 발행상황은 물론이고 어떤 사람이 어떤 매체에 무슨 글을 썼는지를 일목요연하게 찾아볼 수 있을 것이므로 이 시기 한국학 전반에 걸친 연구에 없지 못할 지침서가 될 것이다. 좌우익을 망라한 필자들의 활동, 잡지의 성격 연구에 획기적으로 기여할 기초작업이다. 그는 이미 해방기의 대표 종합잡지 『신천지』와 『민성』의 총목차를 완성하여 『근대서지』(10호, 11호)에 발표했다. 잡지의 총목차 편찬은 김근수, 백순재의 선행 업적이 있지만, 출판물의 총목록에 잡지의 필자와 사항 색인을 겸한 목록은 누구도 손대지 못했던 작업이기에 오영식의 작업을 높이 평가할 수 있다.

오영식은 문학을 비롯한 근현대사 연구 학자들이 요청하는 경우에 직접 자료를 제공하여 도움을 주는 한편으로 근대서지 연구자들의 구심체이자 가교 역할을 맡으면서 새로운 자료발굴에 힘을 쏟고 있다. "해방기 지식의 총체를 가늠해보고 싶다"는 것이 목표이지만, 거슬러 올라가서 일제 강점기와 한말의 판매도서목록까지 정리하여 근대 이후의 출판물을 찾아보는 연구자들에게 편의를 제공할 것이다. 그러므로 오영식에 관한 글은 더 많은 시간이 지난 뒤라야 완결편을 쓸 수 있다.

오영식과 더불어 언급할 또 한 사람은 소명출판 박성모 사장이다. 그는 앞서 언급한 이창세, 한상하, 심한보와 동일 선상에서 출판인의 역할을 하는 인물이다. 책을 만들 뿐 아니라 모으는 수집가였고, 귀중 근대 출판물을 영인하여 널리 확산하는 역할까지 맡고 있다. 근대서지학회의 후원자로 반년간『근대서지』를 소명출판이 발행하고 있다. 안춘근의 한국출판학회가 펴내던『출판학』을 담당했던 현암사와 같은 역할이다. 하지만 그는 아직 할 일이 많으니 그가 서지학 발전을 후원한 업적은 후일을 기다리는 수밖에 없다.

수집가 장서가 애서가들

활동 중인 수집가는 더 있다. 박대헌(朴大憲)은 1983년부터 2015년 8월까지 고서점 호산방(壺山房)을 운영하면서 고서의 정가제를 표방하여『호산방 도서목록』을 1995년 16호까지 발행하였으나 그 이후 계속여부는 알 수 없다. 1호부터 10호까지를 묶은 합본을 1988년에 발행하였다. 그는 1999년에는 강원도 영월에 '책박물관'을 개관하여 2006년까지 운영하였다. 편저와 저서로『서양인이 본 조선』(1996, 상하 정가 150만 원),『우리 책의 장정과 장정가들』(1999),『고서 이야기, 호산방 주인 박대현의 한담객설』(2008)을 출간했다. 전갑주(全甲柱)는 교과서를 전문으로 수집하였다. 32

년간 수집 이야기를 엮은『진품명품 수집이야기, 쓰레기? 나에겐 추억』(한국교과서, 2015)을 최근에 출간했다. 박영돈(朴英燉)은 부산 은행에 근무하면서 책을 모으고 고서를 발굴했다. 1997년에는 자신이 소장한 문학서적을 총정리하여『야산초인 소장 문학서적 목록』을 비매품으로 발간했다. 방각본 소설, 딱지본 및 신소설, 시집, 소설, 번역소설과 같은 희귀본 등 2,038권을 소개했다. 한국애서가클럽이 발행한『비블리오필리』제7집은 박영돈 회갑기념호로 발행하였다.

이밖에도 책 수집가, 장서가, 애서가들이 많을 것이다. 생존한 인물을 원칙적으로 다루지 않는다는 기준에 따라 길게 언급하지 못한 경우도 있다.

색인

| 영문 |